Low Carb Low Calories

55 Schlankmacher-Rezepte mit maximal 400 Kalorien

systemed

Inhalt

Vorwort

»Hallo Betti, ich esse seit Wochen Low Carb, aber nehme dabei überhaupt nicht ab. Was mache ich falsch?« Eine Frage, die mich über meinen Blog *www.happycarb.de* immer wieder erreicht. Dabei habe ich festgestellt, dass häufig gedacht wird, Low Carb sei eine klassische Reduktionsdiät, die nur zeitlich begrenzt umgesetzt wird. Außerdem besteht meist der Eindruck, dass alle Low-Carb-Rezepte automatisch hilfreich sind, um Gewicht zu verlieren.

Stopp, falsch gedacht, denn Low Carb ist eine ausgewogene und gemüsereiche, kohlenhydratreduzierte Dauerernährung mit dem Ziel, langfristig gesund und schlank zu bleiben. Dazu braucht es eine Energiezufuhr, die an den tatsächlichen Kalorienverbrauch angepasst ist, denn sonst würden wir Langzeit-Low-Carbende ja immer dünner und dünner werden.

Der Wunsch, Gewicht zu verlieren, und die langzeittaugliche Low-Carb-Ernährung kollidieren also teilweise, denn die Rezepte haben häufig eine »normale« Kalorienmenge, und dazu gibt es reichlich Angebote für hochkalorische Leckereien wie Kuchen, Pizza und zuckerfreie Süßigkeiten. In Maßen – ohne das primäre Ziel, Gewicht zu verlieren – total super, denn gerade diese Schlemmereien machen Low Carb als Langzeiternährung so beliebt. Jedoch braucht es, um Gewicht zu verlieren, ein Energiedefizit, und die zugeführte Menge an Kalorien ist auch bei Low Carb nicht egal. Sorry, wenn das jetzt frustrierend klingt, aber ich will da ehrlich mit Ihnen sein.

Auch ich musste das am eigenen Gewicht erleben. Esse ich zu viel Käse, Mandeln und backe zu viele der traumhaften Low-Carb-Kuchen, dann krabbelt der Zeiger auf der Waage immer höher. Dazu bin ich in einem Alter, in dem sich im Körper viel verändert und auf der Waage schnell spürbar wird, dass der Energiebedarf leider rückläufig ist. Keine Details, aber Frauen in den Fünfzigern wissen, was ich meine.

Also muss auch ich immer mal wieder gegensteuern. Dazu braucht es Rezepte, die deutlich weniger Kalorien liefern. 400 Kalorien ist eine Menge, mit der man gut und lecker satt werden kann, die aber gleichzeitig auch bei 3 Mahlzeiten nur 1200 Kalorien am Tag auf den Teller bringt.

So eine Kalorienreduktion können Sie gut für eine zeitlich begrenzte Phase machen, um konzentriert einige Kilogramm abzuspecken. Oder, Sie bauen ein bis zwei kalorienarme Tage pro Woche ein, um das Gewicht langfristig in Balance zu halten. Auch als einzelne Ausgleichsmahlzeiten, kombiniert mit üppigen Schlemmereien, sind die 400-Kalorien-Rezepte hervorragend geeignet.

Dabei gilt für mich: Kompromisse ja, was die Kalorien angeht, aber Vollgas beim Geschmack. Denn 400 Kalorien sollen nie nach 400 Kalorien schmecken. So kam ich auf die Idee, meine eigenen leckeren 400-Kalorien-Rezepte zu sammeln und in ein neues Happy-Carb-Buch zu packen. Drin sind nur eindeutige Kilo-Killer-Rezepte für alle, die Gewicht verlieren wollen oder die figürlich einfach bleiben wollen, wie sie sind.

Ich wünsche Ihnen nun viel Freude beim Nachkochen und dabei, den Gürtel ganz bald enger schnallen zu können.

Ihre

Bettina Meiselbach

Low Carb – die leckerste Art, Gewicht zu verlieren

LOW CARB – DIE LECKERSTE ART, GEWICHT ZU VERLIEREN

Was tun, wenn man von jahrelangen Diäten immer dicker geworden ist und dazu ein Faible für leckeres Essen hat? Wenn man immer starken Hunger verspürt, schlecht satt wird und dazu Portionsgrößen verdrücken kann, die sonst Kleinfamilien satt machen?

Mit der Problemlage und einem Gewicht von über 130 Kilogramm hat es mich im Jahr 2013 mehr oder weniger umgehauen. Beruflicher Stress hatte mir sehr zugesetzt, und mein Trost war über viele Jahre das Essen, was sich auf der Waage deutlich bemerkbar machte.

Aber nun war Neustart und Veränderung angesagt, denn zusätzlich wurde in einer Rehaklinik Diabetes-Typ-2 festgestellt. Bingo, also die volle Punktzahl, und mir wurde klar, dass mein Leben auf der Kippe stand.

Doch das Vertrauen in Diäten hatte ich damals schon lange verloren. Hallo, ich bin das Fressmonster, und die Lust nach Spaghetti Bolognese hat bisher jede Diät zum Scheitern gebracht. Nein, ich wollte das klassische Diätkonzept nicht mehr. Meine Diabetes-Erkrankung machte es zwingend notwendig, mir zu überlegen, wie ich in der Zukunft essen wollte. Und da meine Bauchspeicheldrüse nicht mehr so viel Kohlenhydrate schafft, schien es mir nur logisch, wenn ich davon weniger esse.

Weniger Kohlenhydrate in den Mahlzeiten: Dieses Konzept senkt den Blutzucker, und genau der gleiche Hebel ist perfekt, um an der Kalorienschraube zu drehen. Man ersetze Nudeln durch Gemüse, und schon kommen die Mahlzeiten mit weniger Kalorien auf den Teller. So legte ich direkt los und stürzte mich ins Low-Carb-Abenteuer.

Vorteil für mich war, dass ich diese Ernährungsumstellung ganz einfach umsetzen konnte und mir dabei nichts fehlte, was mir bei früheren Diäten immer mit heißhungerartigen Gelüsten den Schlaf geraubt hat. Sind wir ehrlich, es sind ja nicht die Nudeln, die Spaghetti Bolognese so lecker machen, sondern es ist die tolle Soße, nach der ich mich in Hungerkuren immer gesehnt habe, was zum Abbruch von unzähligen Diäten geführt hat. Nun schmeckt die Bolognese-Soße mit Zucchininudeln genauso super, nur eben mit weniger Kalorien und weniger Kohlenhydraten, worüber sich mein Blutzucker und die Waage freuten.

So purzelten in 18 Monaten fast 60 Kilogramm, und meine Diabetes-Werte normalisierten sich. Ich konnte sogar auf blutzuckersenkende Medikamente verzichten – ein großartiger Erfolg.

Aber für mich war und ist das Beste, dass ich mich in meiner kohlenhydratreduzierten Ernährung so angekommen fühle, dass ich mir nicht mehr vorstellen kann, wieder wie früher zu essen. Nein, Fertiggerichte und kohlenhydratreiches Fastfood haben ihren Zauber und ihre Magie verloren. Lieber selbst kochen und viel gutes Gemüse stehen auf dem Plan, und ich freue mich bis heute jeden Tag auf meine leckeren Mahlzeiten.

Langfristig klappt nur, was dauerhaft schmeckt

Auf der Suche nach guten und passenden Low-Carb-Rezepten war ich zu Beginn meiner Ernährungsumstellung häufig frustriert. Ich esse gerne und vorzugsweise lecker, und mag auch auf sättigende Portionen nicht verzichten. Niemand mag ein lebenslanges Diätgefühl, denn das frustriert nur und macht unglücklich. Dazu wollte ich weder Punkte zählen, Fettaugen abschöpfen oder mich von einer App terrorisieren lassen. Lebenslänglich kasteien beim Essen entspricht nun mal nicht meinen Vorstellungen, und ich war mir sicher, dass das auch anders geht.

Also habe ich mich aufgemacht und begonnen, eigene Low-Carb-Rezepte zu kreieren. Zuerst verteilte ich meine Rezepte nur in einigen Facebook-Gruppen, doch die Resonanz war grandios und die Begeisterung für meine Rezepte riesig. Mein Abnehmerfolg und auch mein Umgang mit der Diabetes-Erkrankung wurden plötzlich zum Vorbild für viele Menschen, und so kam mein lieber Mann auf die tolle Idee, aus meinem Weg und meinen leckeren Rezepten einen eigenen, sehr persönlichen Internetblog aufzubauen.

Dann ging es ganz schnell, und Happy Carb erblickte das Licht des Internets. Das war im Sommer 2014, und bis heute bin ich der kohlenhydratreduzierten Ernährung treu geblieben. Ich habe mein eigenes Happy-Carb-Prinzip (Seite 13) entwickelt, weil ich weder zu dogmatisch rangehen noch mich mit einer übertriebenen Rechnerei der Makronährstoffe (Eiweiß, Fett und Kohlenhydrate) belasten wollte. Was ein Leben lang funktionieren soll, muss einfach und intuitiv umsetzbar sein. Keine starren Grenzen für dies und das, bei denen nur Stress und Frustration aufkommen. Und es muss schmecken, denn gutes Essen ist Lebensqualität, spendet Freude und macht auf verschiedenen Ebenen glücklich. Low-Carb-Rezepte mit der Extraportion Happiness wurden bei mir Programm.

Kuchen bleibt Kuchen, auch mit wenigen Kohlenhydraten

Meine Anforderungen erfüllt Low Carb perfekt. Low Carb ist nicht nur zum Abnehmen da, sondern eine langfristige Ernährungsumstellung mit dem Ziel, lecker und gesund zu essen. Von daher richten sich viele der Low-Carb-Rezepte an Menschen, die kein Gewicht verlieren wollen, sondern die sich, aus unterschiedlichen Gründen, dauerhaft kohlenhydratreduziert ernähren (wollen). Denn niemand kann dauerhaft eine kalorienreduzierte Diät machen und dünner und dünner werden.

Also gibt es auch bei der Low-Carb-Ernährung die Dinge, die das kulinarische Leben schöner machen. Ich spreche da von Fastfood-Interpretationen, üppigen Backwaren wie Kuchen und Torten, leckerem Kleingebäck und Süßigkeiten. Total super, denn, in Maßen genossen, ist das alles toll, aber wie in der normalen Ernährung auch, sehr gehaltvoll und hüftgefährdend. Wenn Ihnen jemand erzählt, man könnte mit Kuchen und Torten abnehmen, dann ist das ein gewagter Spruch, denn fast niemand wird eine Mahlzeit durch Kuchen ersetzen, sondern diese verführerischen Backwaren werden fast immer zusätzlich gegessen. Und zusätzliche Kalorien, über den Bedarf hinaus, machen bei jeder Ernährungsform dick. Ja, auch Low Carb, und ich bin da nur ehrlich. Aber grämen Sie sich nicht. Sie sollen ja nicht die herrlichen Genüsse niemals wegschnabulieren, sondern nur gelegentlich genießen oder eben im Gegenzug eine andere Mahlzeit ausfallen lassen beziehungsweise mit einem 400-Kalorien-Rezept für Ausgleich sorgen.

Wer Gewicht verlieren will, sollte sich mit den Low-Carb-Basics auseinandersetzen, und die bestehen aus einer guten Portion Eiweiß, gesundem Fett und ganz viel Grünzeug in einer Mahlzeit. Damit hat man fast automatisch eine niedrigere Kalorienzufuhr und landet am Ende des Tages zufrieden und gut gesättigt im Bett.

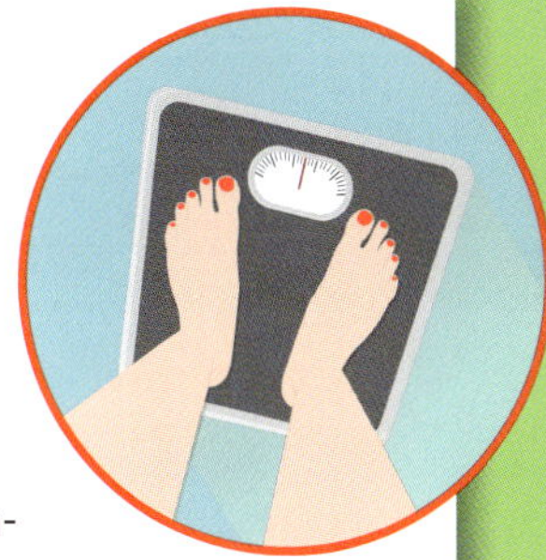

Low Carb ist toll, aber birgt auch Gefahren. Ich musste das bei mir selbst feststellen, denn als ich meinen Basics-Speiseplan um die kalorienreichen Leckereien erweitert und dabei gerne und zu häufig zugegriffen habe, ging es wieder mit dem Gewicht aufwärts. Da gingen die Alarmlampen an, und so wurden aus den Leckereien wieder die besonderen Extras, die es am Wochenende hin und wieder geben darf. Es ist einfach nicht sinnvoll, jeden Tag Bienenstich zu essen – und daran ändert auch Low Carb nichts.

Snacken macht dick

Es sind auch nicht nur die Kuchen und Torten, die eine Gefahr darstellen, denn mein zweites Übel ist bekannt unter dem schönen Begriff »Snacken« Bei einem kritischen Blick habe ich mich selbst dabei ertappt, dass ich mein eigenes System gelegentlich ignoriere, besonders was Snacks zwischendurch angeht oder häufiges Knabbern am Abend. Ein paar Mandeln hier, ein Stückchen Käse dort. Macht ja nix, ist schließlich Low Carb. Aber das ist mitnichten so, wie die Waage deutlich anzeigte. Denn dieses ungünstige Verhalten führte dazu, dass meine Kalorienzufuhr anstieg, was sich ganz langsam, aber stetig auf der Waage bemerkbar machte. Der Zeiger krabbelte in die falsche Richtung und die Hosen schrumpften wieder. Und hey, wenn mir das so geht, dann geht das sicher anderen Frauen und Männern ebenso. Wir sind doch alle ganz gut darin, uns bei Bedarf zu beschwindeln und beruhigende Ausreden für dies und das zu finden.

Also gut, ich musste raus aus der schlemmenden Low-Carb-Komfortzone und mich und meinen Stoffwechsel wieder auf Touren bringen. Langjährige Routine macht den Stoffwechsel einfach schläfrig. Dazu kommt, dass ab einem gewissen Alter der Motor nicht mehr die Power eines Neuwagens hat, und dann muss man eben einen Gang hochschalten. Mir ging es genauso, also bin ich runter von der gemütlichen Schlemmerlandstraße und fuhr rauf auf die Autobahn. Ich setzte den Blinker und bin abgebogen auf die Kilo-Killer-Schnellstraße.

So begann ich, regelmäßig entweder eine Mahlzeit ausfallen zu lassen (Intermittierendes Fasten, bei mir ohne Frühstück) oder ich habe eine Mahlzeit pro Tag eingebaut, die maximal 400 Kalorien auf den Teller bringt. Gerade die Kombination von kalorienreduzierten Mahlzeiten hilft mir persönlich sehr gut, das Gewicht zu halten beziehungsweise auch, die frisch angeschlemmten Kilogramm wieder abzubauen.

Wer neu auf die Low-Carb-Schnellstraße auffährt und erst mal Körpergewicht reduzieren will, kann sich mit 3 Mahlzeiten pro Tag einen Essensplan mit 1200 Kalorien nach eigenem Geschmack zusammenbauen und wird so in kurzer Zeit einigen Kilogramm Körperfett ade sagen.

Es kommt eben nicht nur darauf an, wie viele Kohlenhydrate ein Essen enthält, sondern es ist die Gesamtkombination der Makronährstoffe in Verbindung mit dem Kaloriengehalt, die zum langfristigen Erfolg führt.

Für mich habe ich so einen sehr praktischen Weg gefunden, und die Erkenntnis, dass Low Carb eben auch zu mehr Gewicht führen kann, hat meine Backfrequenz merklich schrumpfen lassen. Ich fühle mich mit den Low-Carb-Basics sowieso am wohlsten, und der Rest ist für besondere Tage und schöne Momente, die dann auch kulinarisch gefeiert werden.

Mein Happy-Carb-Prinzip

MEIN HAPPY-CARB-PRINZIP

Als ich mich mit den unterschiedlichen Low-Carb-Varianten beschäftigt habe, hat mir überall etwas zugesagt und anderes fand ich blöd. Also habe ich mir meine eigenen Regeln gemacht, mit denen ich erfolgreich abgenommen und gleichzeitig meine Diabetes-Typ-2-Erkrankung in die Schranken gewiesen habe.

Bunt, gesund und sehr flexibel. So funktioniert Happy Carb:

Kohlenhydrate einschränken auf eine Menge von 50–100 Gramm pro Tag.

Bevorzugt essen: Reichlich buntes Gemüse und Salat, gelegentlich Hülsenfrüchte wie Linsen, Bohnen und Kichererbsen, zuckerarmes Obst in kleinen Mengen, Haferkleie und daraus hergestellte Backwaren.

Vermeiden zu essen: Getreideprodukte, Weizen, Dinkel, Roggen, Hafer (außer meiner geliebten Haferkleie), Nudeln, Backwaren, Reis, Kartoffeln, Mais, verschiedene Zucker/arten (enden mit -ose), Bananen, Trauben, Trockenobst, Süßigkeiten und ewig haltbare Fertiggerichte mit langen Zutatenlisten.

Eiweiß reichlich essen in einer Menge von 1–1,5 Gramm Eiweiß pro Kilogramm Normalgewicht (Körpergröße in Zentimeter minus 100).

Das Eiweiß in Form von »magerem« Fleisch (auf das Fett zumindest während der Abnehmphase wegen der eingeschränkten Energiezufuhr achten) und jeder Sorte Fisch (dabei regelmäßig fetten Fisch wegen der Omega-3-Fettsäuren) verzehren. Milchprodukte so fett, wie es der gute Geschmack erfordert. Finger weg von Light-Produkten. Gerne Eier. Auch ein hochwertiges Eiweißpulver als Zutat in der Küche erhöht die Zufuhr an gesundem Eiweiß. Keine Angst davor.

Gute Fette genießen, circa 1–1,5 Gramm pro Kilogramm Normalgewicht (Körpergröße in Zentimeter minus 100).

Bevorzugen: Olivenöl, Kokosöl (Kokosprodukte), Avocados, Butter aus Weidemilch, Nüsse – besonders Macadamias – und Nussöle, natives Bio-Rapsöl, Leinöl.

Reduzieren: Sonnenblumenöl, Sojaöl, Maiskeimöl, Distelöl, Traubenkernöl.

Vermeiden: Transfette und industriell verarbeitete gehärtete Fette, die häufig in Fertigprodukten vorkommen.

Sie sehen schon anhand der Bandbreiten bei den Makronährstoffen, dass genügend Spielraum da ist, die Ernährung abwechslungsreich und bunt zu gestalten. Kein Tag muss wie der andere aussehen. Eine bunte Palette von Lebensmitteln kann in den Speiseplan integriert werden.

Auch können Sie über die Stellschrauben Kohlenhydrate und Fett die Kalorienzufuhr in Richtung Gewichtsverlust oder eben auch in Richtung Gewichtserhaltung drehen. Mir war einfach wichtig, dass sich die Ernährung durch die Einhaltung dieser schlichten Regeln automatisch sinnvoll gestaltet, ohne dass ich mich selbst mit ständigem Überwachen der Nährwerte und der Energiezufuhr terrorisieren musste. Das Leben bietet doch schönere Dinge, als das eigene Dasein permanent zu überwachen und zu optimieren.

Viel Freude bei der Umsetzung!

Der Weg zum schlanken Ich

DER WEG ZUM SCHLANKEN ICH

In diesem Kapitel möchte ich Ihnen gerne einige Tipps und Input geben, was es braucht, um Gewicht zu verlieren. Da kommt mir meine praktische Erfahrung von 60 Kilogramm Gewichtsverlust natürlich entgegen, denn gefühlt habe ich in den 18 Monaten »Diät« einen echten Berg erklommen. Hätte ich mir vorher überlegt, wie lange und zäh das wird, ich weiß nicht, ob ich mich auf den Weg gemacht hätte. Also, lassen Sie uns deshalb mit dem Wichtigsten beginnen – dem Kopf!!

Der Kopf – wichtigster Verbündeter beim Gewichtsverlust

Die Entscheidung, Gewicht zu verlieren, kann verschiedene Gründe haben. Vielleicht sind es einige Kilogramm, die die Hosen haben schrumpfen lassen, oder es tauchten gesundheitliche Probleme auf, deren Ursachen am überhöhten Gewicht liegen. Auch das Gefühl, dass man sich mit mehr Gewicht einfach nicht mehr so wohlfühlt, ist häufig ein ausschlaggebender Grund, um Körpergewicht zu reduzieren. Ich kenne es nur zu gut, wenn man merkt, dass man unbeweglicher und träger wird, weil man mehr Gewicht mit sich rumtragen muss. Das ist echt anstrengend. Überlege ich mir, wie viele Kilogramm ich früher jede Treppe hochschleppen musste, dann gruselt es mich heute, und ich kann immer noch die übermäßige Anstrengung nachfühlen.

Für mich war die Diabetes-Diagnose der Punkt, der meinen Kopf zum Arbeiten brachte und am Ende stand die Erkenntnis: Es geht so nicht weiter, denn mein Leben ist in Gefahr. So eine existenzielle Angst wirkt unglaublich bedrohlich und gleichzeitig motivierend.

Jetzt oder Ende hilft, Ziele und Prioritäten zu ordnen und spendet Durchhaltekraft, wenn es zu Beginn erst mal etwas unangenehm ist. Veränderungen fallen nie leicht, und es braucht immer etwas Zeit, langfristig an seinem Leben etwas umzugestalten. Die Hürden, die da überwunden werden müssen, sind, gerade in den ersten Wochen, hoch und wollen gemeistert werden.

Jetzt wünsche ich niemandem, dass eine akut bedrohliche Situation Basis der Motivation ist … Sollten Sie jedoch gerade selbst die Diagnose Diabetes oder einer anderen Erkrankung, die eng mit Übergewicht in Verbindung steht, erhalten haben, dann nutzen Sie die Energie, die sich nach dem ersten Schreck daraus ergibt. Übergewicht verursacht jede Menge gesundheitliche Probleme, von Herz-Kreislauf-Erkrankungen, Gelenkproblemen, Hormonstörungen, Fettstoffwechselveränderungen und, und, und. Vieles tut kurzfristig nicht weh, denn unser Körper lässt sich lange quälen und bleibt still, aber wenn dann messbare Probleme auftauchen, besteht dringender Handlungsbedarf. Wir sollten spätestens dann, und zwar besser heute als irgendwann in der Zukunft, ins Handeln kommen. Erfahrungsgemäß wird ohne eigene Veränderung des Lebensstils die Situation nur schlechter, und irgendwann tut es einen Schlag.

Wenn Sie nur einige Kilogramm ärgern und der Weg zum Wohlfühlgewicht nicht weit ist, dann ist der Leidensdruck kleiner, und die Neigung, zu verdrängen, ist ungleich größer. Wenn ich in den Jahren nach meiner Gewichtsabnahme eines gelernt habe, dann, dass Wegsehen und Verdrängen sehr mächtige Schutzmechanismen sind, um das, was passiert, nicht an sich ranzulassen. Ja, ich esse Low Carb, und trotzdem hat sich das eine oder andere Kilogramm wieder eingefunden. Dabei musste ich mir irgendwann eingestehen, dass ich aufpassen muss, dass die Sache nicht aus dem Ruder läuft. Also begann ich, wieder genauer hinzusehen. Damit meine ich, einen Blick in den Spiegel zu werfen. Das kleine Doppelkinn, das sich wieder im Gesicht breitmachte, und dann der nackte, schonungslose Blick in den Ganzkörperspiegel, der mir einen kleinen, heilsamen Schock versetzte. Nach der starken Gewichtsabnahme und mit über 50 Jahren, falle ich sicher nicht in die Kategorie »knackig« ... Aber: Wo vorher Hautfalten waren, begannen sich diese wieder zu straffen, weil Fettpolster für Masse sorgten. Schauen Sie in den Spiegel und seien Sie ehrlich zu sich.

Ehrlichkeit zu sich selbst ist die Grundlage, um die Motivation zu erlangen, die aus tiefstem Herzen kommt und die richtig Power gibt. Hören Sie auf, wegzuschauen, und ignorieren Sie medizinische Probleme nicht länger. Sie haben alles, was es braucht, um das zu ändern, wenn Sie mit der richtigen Einstellung und dem passenden Ernährungskonzept dagegen angehen.

Ohne Ziele wird es planlos

Gut, Ihr Kopf weiß, es soll etwas passieren und Sie wollen Gewicht verlieren. Glückwunsch, denn mit dieser Einstellung passiert direkt etwas in der Birne. Jetzt sind Ziele aber ein zweischneidiges Schwert. Kurzfristig sind sie motivierend, aber das kann auch nach hinten losgehen; nämlich dann, wenn man nach Erreichen des Ziels wieder futtert wie zuvor. Der Jo-Jo-Effekt lässt grüßen, und ich bin mir sicher, Sie haben in der Vergangenheit schon Bekanntschaft mit diesem Schurken gemacht, der Ihnen erreichte Erfolge wieder entreißt und Sie dann frustriert und mit mehr Körpergewicht als zuvor zurücklässt. Das wollen Sie nicht und ich auch nicht mehr.

Ziele müssen daher immer längerfristig und mit Plan für die Zeit nach der Gewichtsreduktion aufgebaut werden, damit am Ende ein Happy End steht. Das kurzfristige Ziel »Ich will 5 oder 10 Kilogramm Gewicht abnehmen« muss immer kombiniert werden mit »und anschließend werde ich mich dauerhaft gesund ernähren und aufmerksam für meine Bedürfnisse bleiben« Also erst mal mit viel Tschakka nach vorne und so die Umstellung mit der passenden Motivation schaffen.

Der Erfolg und die Umstellung münden dann in einer Ernährung, die den Gewichtsverlust erhält und dauerhaft froh und happy macht.

Ja, Sie können das, und ja, Sie schaffen das. Seien Sie überzeugt von sich, denn alles, was es braucht, um beim Abnehmen erfolgreich zu sein, tragen Sie in sich. Und wenn mal ein Tag nicht gut gelaufen ist, dann haken Sie ihn ab. Der nächste Tag beginnt mit neuen Chancen und Möglichkeiten. An gestern zu denken macht nur Frust und schlechte Laune. Schlechte Laune macht wieder hungrig und lässt den Magen knurren. Behalten Sie die kurzfristigen Ziele und die langfristigen Veränderungen im Auge und aktivieren Sie immer wieder das, was für Sie die Hauptantriebsfeder ist. Stellen Sie sich nackt vor den Spiegel, lassen Sie sich beim Arzt die Ergebnisse der Blutwerte ausdrucken und werfen Sie immer mal wieder einen Blick darauf, wenn Sie das Gefühl haben: Eben werfe ich alles hin. Freuen Sie sich an Ihren Erfolgen, denn die motivieren für die nächsten Schritte, und belohnen Sie sich zwischendurch für die getane Arbeit, denn Ihr Gehirn und Sie brauchen das. Nur bitte kalorienfrei belohnen, denn sonst bringen Sie sich wieder in Gefahr.

Und wenn der Berg, den Sie erklimmen müssen, sehr hoch ist, dann teilen Sie die Ziele in kleinere realistische Schritte ein. Hätte ich mir vorgenommen, auf einen Schlag 60 Kilogramm abzunehmen, dann wäre ich in den 18 Monaten wahrscheinlich irgendwann frustriert in die Knie gegangen. Aber so habe ich immer in 10-Kilogramm-Schritten geplant und jeden erreichten Zwischenschritt gefeiert. Ich weiß noch wie heute, als ich die 100-Kilogramm-Grenze unterschritten habe, tanzte ich nackt zu toller Musik im Wohnzimmer. Es gab wenige Momente, in denen ich noch motivierter war und mich darauf freute, den steinigen Weg weiterzugehen.

Zwischenziele helfen, auf Spur zu bleiben, und zwar auch dann, wenn es zwischendurch mal knirscht. Denn Abnehmen ist kein linearer Prozess, und es gibt

Rückschläge. Da dauert es mit dem nächsten Kilo dann doch länger, als einem lieb ist, und wenn man sich fast halbiert, fühlt man sich auch einfach mal schlecht in seiner Haut. Der Körper verliert nicht gerne viel Gewicht, und das lässt er einen auch manchmal spüren. Gehen Sie deshalb immer gut mit sich um, respektieren Sie die aufkommenden unangenehmen Gefühle, aber geben Sie nicht allem gleich nach.

Es gibt zum Glück neben dem Essen viele Dinge, mit denen man sich etwas Gutes tun kann. Ich musste für mich erst lernen, dass mich auch Dinge wie Musik hören, ein Gespräch mit einer Freundin, ein Besuch im Schwimmbad oder der Sauna aus einem Diättief holen können – besser, als das eine 300-Gramm-Tafel Schokolade je konnte.

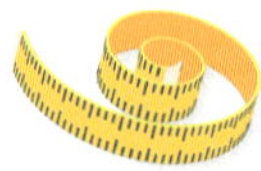

Die Grundlage jedes Gewichtsverlustes: das Kaloriendefizit

Wahrscheinlich zucken jetzt einige Leserinnen und Leser zusammen, aber leider ist es so, dass es ein Kaloriendefizit braucht, um Gewicht zu verlieren. Alle wissenschaftlichen Untersuchungen zeigen das. Und es gibt unterschiedliche Wege, dieses Kaloriendefizit zu erreichen. Ob Low Carb oder Low Fat der richtige Weg ist, darüber kann man diskutieren. Letztendlich hängt das von den persönlichen Vorlieben und auch der genetischen Ausstattung ab. Wie, was, wo denken Sie vielleicht jetzt gerade. Was haben die Gene damit zu tun? Aber ja, es gibt das Gen ADRB2, das einen negativen Einfluss auf die Kohlenhydrat-Verstoffwechslung hat. Kohlenhydrate haben also, je nach genetischer Grundausstattung, unterschiedliche Auswirkungen auf das Körpergewicht. Immerhin 78 Prozent der Menschen haben eine besondere Empfindlichkeit gegenüber Kohlenhydraten und neigen daher zu einer übermäßigen Ausschüttung von Insulin und einer erhöhten Fettspeicherung.

Der Erfolg der Low-Carb-Ernährung hat also Ursachen, die uns genetisch in die Wiege gelegt wurden. Vielleicht fragen Sie sich jetzt, warum das in der Evolution so falsch gelaufen ist – aber Sie müssen anders denken. Denn früher, also als wir noch Jäger und Sammler waren, waren genau die Menschen im Vorteil, die schnell Fettreserven ansetzen konnten. Mit etwas Speck ging es gut durch den kargen Winter, und so setzte sich diese Genmutation für den Großteil der Bevölkerung durch. Heute ist diese Genmutation hinderlich und sorgt dafür, dass wir mit unserer kohlenhydrat- und kalorienreichen Ernährung und immer weniger Bewegung meist zu viel Insulin im Blut haben und in der Kombination die überschüssige Energie als Fett abspeichern.

Gleichzeitig ist es aber so, dass auch Low Carb nicht zu jedem Menschen passt. Wenn Sie merken, dass die kohlenhydratreduzierte Ernährung sich nicht stimmig anfühlt und Sie trotz aller Disziplin über Wochen kein Gewicht verlieren, dann machen Sie nicht zwangsläufig etwas falsch. Sie gehören eventuell einfach zu den Menschen, die besser einen anderen Weg wählen, um erfolgreich ein Kaloriendefizit zu erzielen. Nie mit Gewalt an etwas festhalten, was bei anderen funktioniert und bei sich selbst nicht, denn jeder Jeck ist anders, trotz vieler Gemeinsamkeiten.

Der Kalorienverbrauch ist bei jedem Menschen unterschiedlich. Er hängt ab vom Geschlecht, vom Alter, davon wie viel Muskelmasse vorhanden ist, vom Stoffwechsel, den Hormonen, der täglichen Bewegung und, und, und. Er ist also im Laufe des Lebens höchst veränderlich, und die genaue Ermittlung ist für uns fast unmöglich. Das müssen Sie so hinnehmen. Sie werden im Internet verschiedene Rechner finden, die mit unterschiedlichen Formeln arbeiten und daher auch leicht unterschiedliche Ergebnisse liefern. Trotz der Ungenauigkeit bietet der ermittelte Wert aber dennoch eine gute Orientierung und hilft, ein Gefühl zu entwickeln, welche Nahrungszufuhr zur Gewichtszunahme und welche zur Gewichtsreduktion führt. Fakt ist: Um Gewicht zu verlieren, dürfen Sie weniger Energie zuführen als Sie verbrauchen. Es braucht also ein Kaloriendefizit, und das kann, je nach Ernährungsform, unterschiedlich entstehen.

Der Low-Carb-Weg zum Kaloriendefizit

Neben der genetischen Veranlagung gibt es sehr viele Gründe, sich mit dem Wunsch der Gewichtsreduzierung erst mal der kohlenhydratreduzierten Ernährung zuzuwenden.

Ich beginne mit dem Punkt, der mich langfristig von Low Carb überzeugt hat. »Es schmeckt einfach hammerlecker«, kann ich Ihnen da nur beherzt entgegenrufen. Was habe ich in meinem Diätleben schon fürchterliche Ernährungspläne eingehalten, wo es zum Beispiel nur Milch und trockene Brötchen gab, bei denen ich Ananas essen musste, bis ich Durchfall hatte, oder ich tagelang Kohlsuppe futterte, die richtig schlechte Laune machte. Nein, ich habe auf solche spaßbefreiten Diäten keine Lust mehr und will alles. Lecker essen, zufrieden sein und lange satt werden und dazu meinen Körper mit allen Nährstoffen versorgt wissen, die er braucht, um gut zu funktionieren. Herzlich willkommen bei Low Carb, denn all das bekommen Sie hier, und ich bin mir sicher, es wird auch Sie überzeugen.

Die Vorteile der Low-Carb-Ernährung, und damit meine ich keine »Speck-und-Eier-Diät«, sind einfach riesengroß, und ich will einige davon hier aufführen:

- Die verringerte Zufuhr an Kohlenhydraten verhindert Blutzuckerspitzen, und es wird weniger Insulin (Fettspeicherhormon) benötigt. Perfekt für Diabetiker und zum Schutz vor Diabetes.
- Weniger Insulin bedeutet im Gegenzug mehr Glucagon im Blut. Das Glucagon ist dafür verantwortlich, bereits gespeicherte Kohlenhydrate und Fette abzubauen, um sie in Energie zu verwandeln. Ohne Glucagon keine Gewichtsabnahme! In Kombination mit einem ordentlichen Kaloriendefizit ein Kilo-Killer.

- Ohne kohlenhydratindizierte tiefe Blutzuckertäler bleibt Heißhunger aus und Energiekrisen im Kopf werden vermieden. Das schützt vor Fressanfällen und Diätkrisen.

- Durch den Austausch von kohlenhydratreichen Sättigungsbeilagen durch Gemüse, kann leicht eine Kalorienreduzierung in den Mahlzeiten erreicht werden, denn die Energiedichte ist im Vergleich viel geringer. Pasta versus Gemüse gewinnt immer das Gemüse.

- Der hohe Anteil an Gemüse und Hülsenfrüchten liefert überdurchschnittlich viele Ballaststoffe und bringt ordentlich Nährstoffe (Vitamine, Mineralstoffe, sekundäre Pflanzenstoffe) auf den Teller. Dazu sorgt das Gemüse für eine anständige Portionsgröße und, durch die Magendehnung, für eine gute Sättigung.

- Low Carb ist reich an Eiweiß aus tierischen und pflanzlichen Quellen. Nahrungseiweiß macht satt und versorgt den Körper mit den lebensnotwendigen Aminosäuren. Eiweiß auf dem Teller ist eine echte Schlankwaffe und bietet dazu einen guten Muskelschutz. Außerdem werden beim Nahrungseiweiß etwa 20–30 Prozent der Kalorien verbraucht bei der Aufnahme, Verdauung und Nutzung des Proteins im Körper.

- Es darf bei Low Carb ausdrücklich Fett in den Speiseplan integriert werden. Das sorgt für eine gute Sättigung und einen tollen Geschmack. Dazu sind eine Vielzahl von Fettsäuren lebensnotwendig für uns und müssen zwingend in ausreichender Menge mit der Nahrung aufgenommen werden. Mit 9 Kalorien pro Gramm ist Fett zwar sehr energiedicht, aber die Menge und die Fettsäurenmischung sind maßgebend. Low Carb bietet eine gute Kombination von Fetten, ganz ohne schädliche industrielle Transfette.

Sie sehen, das Gesamtpaket Low Carb ist überzeugend und Sie sind wahrscheinlich jetzt schon bis in die Haarspitzen hinein motiviert und wollen loslegen.

Gleich geht es richtig los

Keine Panik, wir starten gleich durch. Für alle Fans eines Ernährungsplans werde ich Ihnen im nächsten Kapitel als Beispiel für 14 Tage darlegen, wie abnehmen mit dem Happy-Carb-Kilo-Killer-Programm aussehen kann.

Lassen Sie mich noch kurz darüber berichten, weshalb ich mich für etwa 400 Kalorien pro Mahlzeit entschieden habe. Es hätten ja auch nur 300 Kalorien sein können, um das Abnehmtempo zu beschleunigen. Vielleicht kennen Sie ja diese ganz krassen Diäten wie die Thonon-Diät, mit der Sie in 2 Wochen angeblich 10 Kilo verlieren können. Puh, was für eine Ochsentour und lecker geht anders. Nein, im Idealfall sind Sie auch in der Zeit des Gewichtsverlustes gut gelaunt und für die Mitmenschen erträglich und können ein normales Leben führen. Unterhalb von 1200 Kalorien wird das echt schwierig. Dazu kommt noch, dass bei stark unterkalorischen Diäten die Zufuhr an Nährstoffen nicht gewährleistet ist, was in Fressanfällen münden kann. Ich wollte Ihnen jetzt nicht auch noch eine Reihe bunter Vitaminpillen verordnen, wenn sich das mit einem bunt gemischten Speiseplan vermeiden lässt. 1200 Kalorien ist eine gute Menge, um für eine begrenzte Zeit zügig Gewicht zu verlieren, ohne den Stoffwechsel in die Knie zu zwingen oder an Leistungsfähigkeit einzubüßen.

Sehen Sie es mir also nach, dass ich Ihr maximales Gewichtsverlustspotenzial nicht vollends ausschöpfe. Mein Ziel ist es, Ihnen langfristig Lust auf Low Carb zu machen, denn die Reise durch das Low-Carb-Universum geht mit dem erreichten Gewichtsziel schließlich erst richtig los.

Gut geplant ist halb gewonnen

EINKAUFSZETTEL:

- Olivenöl
- 1 Netz Schalotten
- 1 mittelgroßer Spitzkohl
- 250 g Champignons
- getrockneter Majoran und Thymian
- gemahlener Kümmel
- helle Sojasoße
- 1 Packung Kräuterfrischkäse
- 1 kleines Stück Parmesan
- Salz und Pfeffer

GUT GEPLANT IST HALB GEWONNEN

Um so eine Kilo-Killer-Woche gut zu überstehen, ist es sinnvoll, gut zu planen. Seit ich mich Low Carb ernähre, mache ich in der laufenden Woche immer einen Speiseplan für die kommende Woche. So kann ich die Einkäufe frühzeitig planen und auch private und geschäftliche Termine entsprechend integrieren. Mir gibt meine Essensplanung die Sicherheit, dass ich eben nicht in der Not schnell mal etwas beim Bäcker hole, ich die Einkäufe stressfrei erledigen kann und hinterher nichts im Kühlschrank liegen habe, was ungeplant in den Einkaufswagen gewandert ist. Sie kennen vielleicht die Spontankäufe, die Sie dann tagelang beim Öffnen der Kühlschranktür anlachen und keine Ruhe geben, bis die Leckereien in Ihren Mund gewandert sind.

Planung reduziert den Aufwand und sichert den Erfolg

Wie Sie sich das organisatorisch einteilen, sei Ihnen überlassen – ob Sie nun gleich zwei Wochen vorplanen oder nur mehrere Tage. Das hängt auch davon ab, in welchem Rhythmus Sie einkaufen und kochen können und wollen. Ob Sie Ihre Planung am Handy, dem PC oder auf dem Notizblock notieren, ist komplett wurscht. Hauptsache, Sie machen sich einen Plan und haben so einen guten Überblick darüber, wie viele Kalorien und was an Makronährstoffen Sie pro Tag essen. Wenn Sie sich wundern, dass bei meinem Wochenplan keine Kalorien für Getränke stehen, dann sei der Vollständigkeit gesagt, dass ich generell kalorienfrei trinke. Also Wasser, Tee und abends eine Cola Zero als Highlight meines Tages. Ein letztes Laster, das ich noch pflege. Aber niemand will perfekt und spaßfrei leben, also genieße ich diese kleine, ungesunde Sünde.

Mich stört es übrigens auch nicht, wenn ich an zwei Tagen hintereinander identische Mahlzeiten esse. So bereite ich zum Beispiel schon Sonntag einen Salat zu, den ich dann Montag und Dienstag in der Mittagspause essen kann. Bereite am Dienstag bereits den Kichererbsen-Vanillejoghurt für zwei Tage vor und so ähnlich geht es weiter. Ich brauche es praktisch, und eine gute Vorbereitung ist der halbe Erfolg.

Nehmen Sie bitte meinen persönlichen Speiseplan nur als Anregung und stellen Sie sich Ihre Rezeptfavoriten zusammen, so wie es in Ihren Alltag passt. Es sind hoffentlich genug Rezepte dabei, um zwei bis vier Wochen die Kilo-Killer-Diät durchzuführen, und dazu schmeckt alles so überzeugend und lecker, dass Sie hinterher die Rezepte hin und wieder in den normalen Speiseplan einbauen, um einer erneuten Gewichtszunahme vorzubeugen.

Essen was schmeckt und dabei langfristig beim gesunden Wohlfühlgewicht bleiben, darum geht es am Ende. Nicht mehr und nicht weniger, denn daneben wollen wir doch auch alle gut und genussvoll das Leben genießen.

MEIN 14-TAGE-KILO-KILLER-PROGRAMM

Woche 1

Montag

Frühstück:	Overnight-Schoko-Haferbrei mit Birne
Mittagessen:	Blumenkohl-Eiersalat mit Kidneybohnen
Abendessen:	Rinderhackpfanne Simsalabim
Nährwerte/Tag:	kcal: 1187, Fett: 63,1 g, Kohlenhydrate: 79,7 g, Eiweiß: 65,0 g

Dienstag

Frühstück:	Kichererbsen-Vanillejoghurt mit Himbeeren
Mittagessen:	Blumenkohl-Eiersalat mit Kidneybohnen
Abendessen:	Linsen-Fenchel-Gemüsesuppe mit Spinat
Nährwerte/Tag:	kcal: 1195, Fett: 55,9 g, Kohlenhydrate: 87,2 g, Eiweiß: 68,4 g

Mittwoch

Frühstück:	Kichererbsen-Vanillejoghurt mit Himbeeren
Mittagessen:	2 Low-Calorie-Brötchen mit Sahne-Meerrettich und Tomatenscheiben
Abendessen:	Rinderhackpfanne Simsalabim
Nährwerte/Tag:	kcal: 1161, Fett: 56,2 g, Kohlenhydrate: 73,9 g, Eiweiß: 70,9 g

Donnerstag

Frühstück:	2 Low-Calorie-Brötchen mit Sahne-Meerrettich und Tomatenscheiben
Mittagessen:	Linsen-Fenchel-Gemüsesuppe mit Spinat
Abendessen:	Orient-Putenschnitzel im Gemüsebett
Nährwerte/Tag:	kcal: 1157, Fett: 50,9 g, Kohlenhydrate: 69,2 g, Eiweiß: 80,8 g

Freitag

Frühstück:	Heidelbeer-Schoko-Nuss-Joghurt
Mittagessen:	Orient-Putenschnitzel im Gemüsebett
Abendessen:	Sommergemüse trifft zweierlei Lachs
Nährwerte/Tag:	kcal: 1194, Fett: 70,2 g, Kohlenhydrate: 47,6 g, Eiweiß: 79,9 g

Samstag

Frühstück:	Feta-Gemüse-Gewürzrührei
Mittagessen:	Sommergemüse trifft zweierlei Lachs
Abendessen:	Rucola-Hähnchen-Blumisotto
Nährwerte/Tag:	kcal: 1189, Fett: 70,6 g, Kohlenhydrate: 40,8 g, Eiweiß: 90,6 g

Sonntag

Frühstück:	Heiße Schoko-Ananas mit Haferkleie-Quark
Mittagessen:	Erbsen-Ofenpfannkuchen mit Tomaten und Emmentaler
Abendessen:	Rouladenschmortopf Ratatouille
Nährwerte/Tag:	kcal: 1182, Fett: 64,8 g, Kohlenhydrate: 67,1 g, Eiweiß: 75,5 g

Woche 2

Montag

Frühstück:	2 Pflaumentraum-Schoko-Nussmuffins
Mittagessen:	Kichererbsen-Spirelli-Paprikasalat
Abendessen:	Rucola-Hähnchen-Blumisotto
Nährwerte/Tag:	kcal: 1106, Fett: 48,5 g, Kohlenhydrate: 60,5 g, Eiweiß: 92,2 g

Dienstag

Frühstück:	2 Pflaumentraum-Schoko-Nussmuffins
Mittagessen:	Kichererbsen-Spirelli-Paprikasalat
Abendessen:	Rouladenschmortopf Ratatouille
Nährwerte/Tag:	kcal: 1104, Fett: 51,5 g, Kohlenhydrate: 72,1 g, Eiweiß: 78,3 g

Mittwoch

Frühstück:	2 Low-Calorie-Brötchen mit Bresso (französischer Kräuterfrischkäse) und Radieschenscheiben
Mittagessen:	Zudelsalat mit Erdnussdressing und Lachs
Abendessen:	Gefüllte Tzatziki-Spitzpaprikaschoten
Nährwerte/Tag:	kcal: 1119, Fett: 61,2 g, Kohlenhydrate: 61,2 g, Eiweiß: 71,4 g

Donnerstag

Frühstück:	2 Low-Calorie-Brötchen mit Bresso (französischer Kräuterfrischkäse) und Radieschenscheiben
Mittagessen:	Zudelsalat mit Erdnussdressing und Lachs
Abendessen:	Kichernde scharfe Zwiebel-Champignonsuppe
Nährwerte/Tag:	kcal: 1133, Fett: 55,3 g, Kohlenhydrate: 74,5 g, Eiweiß: 72,1 g

Freitag

Frühstück:	Melonen-Frühstart-Shake
Mittagessen:	Kichernde scharfe Zwiebel-Champignonsuppe
Abendessen:	Seelachs-Schlemmerfilet mit mediterranem Gemüse
Nährwerte/Tag:	kcal: 1167, Fett: 52,5 g, Kohlenhydrate: 86,7 g, Eiweiß: 79,4 g

Samstag

Frühstück:	Frühstücks-Pfannenpizza mit Zwiebelringen
Mittagessen:	Zweierlei Gurkensalat mit Feta
Abendessen:	Zickiges Kohlrabigemüse mit deftiger Puten-Zwiebelpfanne
Nährwerte/Tag:	kcal: 1105, Fett: 66,5 g, Kohlenhydrate: 43 g, Eiweiß: 75,8 g

Sonntag

Frühstück:	Warmer Plattpfirsich mit Mandelquark
Mittagessen:	Pollo Tomato
Abendessen:	Mediterranes Ofengemüse mit Bohnen-Bolognese
Nährwerte/Tag:	kcal: 1121, Fett: 59,8 g, Kohlenhydrate: 66,9 g, Eiweiß: 71,5 g

Und, wie sieht es aus? Wahrscheinlich sind Sie erstaunt, wie abwechslungsreich und lecker mein Speiseplan sich gestaltet. Das klingt nicht nach 400 Kalorien und noch weniger nach karger Diät. Lassen Sie sich darauf ein und freuen Sie sich auf jede einzelne Mahlzeit. Lassen Sie Ihre Partnerin/Ihren Partner oder auch ältere Kinder ruhig bei den Hauptmahlzeiten mitessen. Wenn dort das Gewicht keine Rolle spielt, dann kann das Kaloriendefizit über Zwischenmahlzeiten – die Sie natürlich weglassen – ausgeglichen werden. Also, verdoppeln Sie bei Bedarf die Mengen und sparen Sie Arbeit und natürlich Zeit, die Sie sich für sich nehmen können. Machen Sie Dinge, die Ihnen Spaß machen, und wenn auch etwas Sportliches dabei ist – wunderbar. Damit können Sie den Gewichtsverlust noch mal unterstützen.

Nun denn, jetzt geht es in den Rezeptteil, und ich hoffe, Ihr Kopf beginnt direkt zu rattern und Sie basteln sich Ihren individuellen Speiseplan zusammen.

Viel Erfolg und ich drücke Ihnen die Daumen, dass Sie den Gürtel bald enger schnallen können.

Low Carb Low Calories

55 Schlankmacher-Rezepte mit maximal 400 Kalorien

55 SCHLANKMACHER-REZEPTE MIT MAXIMAL 400 KALORIEN

SO LECKER GEHT ABNEHMEN!

Frühstück, gerne lecker

Löffle dich schlank

Eiweißpower mit Fleisch und Fisch

Veggieglück für jeden Tag

Kalte Gerichte für daheim und unterwegs

Bitte beachten Sie, dass sich die Rezepte auf eine unterschiedliche Anzahl von Portionen/Personen beziehen. Die genaue Information finden Sie direkt bei jedem einzelnen Rezept.

Bei den Gemüsemengen handelt es sich bei den Grammangaben immer um bereits geputzte, geschälte und kochfertig vorbereitete Mengen. Kaufen Sie je nach Produkt immer etwas mehr und größer ein, damit nach der Vorbereitung in etwa die korrekte Menge zur Verfügung steht.

Alle Rezepte sind mit Nährwertangaben versehen. Basis der Berechnung sind die von mir tatsächlich verwendeten Zutaten. Abweichungen und Fehler sind trotz aller Sorgfalt nicht ausgeschlossen.

400

Frühstück, gerne lecker

Ob ein Frühstück sinnvoll ist oder nicht, überlasse ich Ihnen. Sie wachen mit Bärenhunger auf und ohne eine Mahlzeit sind Sie zu nichts zu gebrauchen? Dann frühstücken Sie und nutzen Sie die gewonnene Energie. Hunger ist vor 11 Uhr ein Fremdwort für Sie? Dann quälen Sie sich nicht zu einem frühen Frühstück, sondern hören Sie auf Ihren Körper und essen dann, wenn er bereit dafür ist.

Kichererbsen-Vanillejoghurt mit Himbeeren

1 Portion

250 g Joghurt, 3,5 % Fett
75 g Kichererbsen, aus der Dose, abgespült und abgetropft
1–2 TL Stevia-Streupulver mit Erythrit
1 Msp. Bourbon-Vanille, gemahlen
100 g Himbeeren
2 Paranüsse, grob gehackt

50 g vom Joghurt mit den Kichererbsen gemeinsam sehr fein pürieren. Dann den restlichen Joghurt, das Stevia-Streupulver mit Erythrit und die gemahlene Bourbon-Vanille unterrühren.

Den Kichererbsen-Vanillejoghurt in ein Schälchen füllen und die Himbeeren und die gehackten Paranüsse darüber verteilen.

Die Kichererbsen liefern Ballaststoffe …

Nährwerte pro Portion:
Kilokalorien: 398, Fett: 18,6 g,
Kohlenhydrate: 30,2 g, Eiweiß: 20,6 g

Overnight-Schoko-Haferbrei mit Birne

1 Portion

50 ml Kokosmilch
100 ml Kokoswasser
10 g Schokodrops, zuckerfrei, dunkel
2 TL Erythrit
30 g Haferkleie
1 TL Chiasamen
75 g Birne, geschält, in kleine Stücke geschnitten
2 Paranüsse, grob gehackt (alternativ Walnüsse)

Und morgens einfach nur noch essen …

Die Kokosmilch mit dem Kokoswasser auf dem Herd oder in der Mikrowelle erwärmen. Die zuckerfreien Schokodrops und das Erythrit darin auflösen. Die Schoko-Kokosmischung lauwarm abkühlen lassen und anschließend die Haferkleie und die Chiasamen unterrühren.

Den Schoko-Haferbrei in einem Schälchen über Nacht im Kühlschrank aufbewahren. Am nächsten Tag durchrühren und die Birnenstücke und die gehackten Paranüsse auf den Haferbrei geben. Sollte der Brei doch zu dick geworden sein, dann noch etwas von dem Kokoswasser unterrühren.

Nährwerte pro Portion:
Kilokalorien: 389, Fett: 24,5 g, Kohlenhydrate: 29,9 g, Eiweiß: 9,5 g

Erbsen-Ofenpfannkuchen mit Tomaten und Emmentaler

1 Portion

5 Zutaten, die lange satt machen …

120 g TK-Erbsen
2 Eier, Größe M
5 ml Olivenöl, nativ extra (1 TL)
100 g Kirschtomaten, geviertelt
25 g Emmentaler, gerieben
Salz und Pfeffer

Den Backofen auf 175 °C Umluft vorheizen.

Die TK-Erbsen in etwas Wasser für 6–7 Minuten auf dem Herd kochen. Dann in einem Sieb abgießen und mit kaltem Wasser abschrecken. Die gekochten Erbsen mit den beiden Eiern gemeinsam pürieren und die Mischung mit Salz und Pfeffer abschmecken.

Eine ofenfeste, nicht zu große Pfanne (24 cm Durchmesser) mit einem Teelöffel Olivenöl auspinseln. Die Pfanne auf dem Herd erhitzen und anschließend die Eier-Erbsenmischung hineingeben. Den Pfanneninhalt für 1–2 Minuten stocken lassen.

Nun die geviertelten Kirschtomaten über dem Ofenpfannkuchen in der Pfanne verteilen und alles noch mit dem geriebenen Emmentaler bestreuen.

Die gefüllte Pfanne für 12–15 Minuten in den Backofen stellen, bis die Erbsen-Eiermischung gestockt und der Käse goldgelb überbacken ist.

Nährwerte pro Portion:
Kilokalorien: 393, Fett: 23,4 g, Kohlenhydrate: 15,0 g, Eiweiß: 27,1 g

Himbeer-Quarkporridge mit weißer Schokolade

1 Portion

175 g Magerquark
100 ml Wasser
30 g Haferkleie
1–2 TL Stevia-Streupulver mit Erythrit
20 g weiße Schokolade, zuckerfrei
100 g Himbeeren

Den Magerquark und das Wasser in einen kleinen Topf geben und beides gemeinsam auf dem Herd erhitzen.

Die Haferkleie, das Stevia-Streupulver mit Erythrit und die weiße Schokolade mit einem Schneebesen einrühren und dann den Haferbrei für 5 Minuten bei geringer Hitzezufuhr quellen lassen.

Gut durchrühren und den Porridge anschließend in ein Schälchen füllen und noch mit den Himbeeren bestreuen.

Zuckerfreie weiße Schoki gibt es im Supermarkt …

Nährwerte pro Portion:

Kilokalorien: 378, Fett: 11,7 g, Kohlenhydrate: 30,7 g, Eiweiß: 29,0 g

Pflaumentraum-Schoko-Nussmuffins

6 Muffins

150 g Joghurt, 3,5 % Fett
2 Eier, Größe M
30 g Erythrit
30 g Eiweißpulver, Vanille
30 g Mandelmehl, entölt
30 g Haselnüsse, gemahlen
10 g Flohsamenschalen
1 TL Backpulver
30 g Schokodrops, zuckerfrei, dunkel
120 g Pflaumen, in Stücke geschnitten

Traumhafte Frühstücks-muffins ...

Den Backofen auf 175 °C Umluft vorheizen.

Den Joghurt mit den beiden Eiern und dem Erythrit in einer Schüssel verrühren.

Die restlichen trockenen Zutaten für die Muffins vorweg mischen und dann esslöffelweise unterrühren.

Zum Schluss noch die Pflaumenstücke unterheben und den Teig in 6 Muffinförmchen füllen.

Die Schoko-Nussmuffins für 25 Minuten backen. In den letzten 10 Minuten im Backofen die Muffins mit Alufolie abdecken, damit sie nicht zu dunkel werden.

Zwei von den leckeren Muffins sind ein leckeres Frühstück und sättigen nachhaltig.

Nährwerte pro Muffin:
Kilokalorien: 156, Fett: 9,0 g, Kohlenhydrate: 5,4 g, Eiweiß: 11,6 g

Heiße Schoko-Ananas mit Haferkleie-Quark

1 Portion

125 g Magerquark
50 ml Mineralwasser, mit Kohlensäure
1–2 TL Stevia-Streupulver mit Erythrit
25 g Haferkleie
10 g Kokosöl
100 g frische Ananas, in Stücke geschnitten
15 g Schokodrops, zuckerfrei, dunkel

Ich mag heiße Ananas, und ich mag Schokolade ...

Den Magerquark mit dem Mineralwasser cremig rühren. Dann das Stevia-Streupulver mit Erythrit und die Haferkleie unterrühren.

Eine kleine Pfanne mit dem Kokosöl erhitzen und die Ananasstücke für 2–3 Minuten braten. Die heiße Pfanne von der warmen Herdplatte nehmen und die Schokodrops mit in die Pfanne zu der Ananas geben. Die heiße Ananas mit schmelzenden Schokodrops vermengen.

Nun noch die Schoko-Ananasstücke und die Schokoladensoße aus der Pfanne über dem Haferkleie-Quark verteilen.

Nährwerte pro Portion:
Kilokalorien: 391, Fett: 19,1 g, Kohlenhydrate: 31,3 g, Eiweiß: 20,8 g

Heidelbeer-Schoko-Nuss-Joghurt

1 Portion

150 g Griechischer Joghurt, 10 % Fett
2 EL Mineralwasser, mit Kohlensäure
1 EL Haselnussmus (alternativ Mandelmus)
5 g Kakaopulver
1–2 TL Stevia-Streupulver mit Erythrit
10 g Haselnüsse, gehackt
50 g Heidelbeeren

Den Joghurt mit dem Mineralwasser und dem Haselnussmus verrühren. Das Kakaopulver und das Stevia-Streupulver mit Erythrit mit einem Schneebesen unterrühren und die gehackten Haselnüsse zufügen. Den Schoko-Nuss-Joghurt in ein Schälchen füllen und mit den Heidelbeeren bestreuen.

Den Schoko-Nuss-Joghurt bereite ich mir gerne immer gleich für 2 Tage zu und streue dann morgens nur noch schnell die Heidelbeeren darüber.

Schokoladig lecker in den Tag …

Nährwerte pro Portion:
Kilokalorien: 400, Fett: 31,8 g,
Kohlenhydrate: 11,9 g, Eiweiß: 13,8 g

Nussige Hüttenkäsemuffins mit warmer Chia-Beerensoße

2 Portionen

Schmecken kalt und warm …

Für die Hüttenkäsemuffins:
200 g Hüttenkäse/körniger Frischkäse
2 Eier, Größe M
30 g Haselnüsse, gemahlen
30 g Haferkleie
30 g Erythrit
1 TL Stevia-Streupulver mit Erythrit

Für die Chia-Beerensoße:
100 g Himbeeren, frisch oder TK
100 g Erdbeeren, in kleine Stücke geschnitten
1 TL Stevia-Streupulver mit Erythrit
2 TL Chiasamen

Den Backofen auf 175 °C Umluft vorheizen.

Den Hüttenkäse mit den Eiern verrühren. Dann die gemahlenen Haselnüsse, die Haferkleie und die beiden Süßmittel zufügen. Die Zutaten zu einem Teig rühren.

Die Masse nun in 4 Muffinförmchen verteilen und dann für 20–25 Minuten im Backofen backen.

Die Himbeeren und die Erdbeeren in einen kleinen Topf geben und darin mit dem Pürierstab zerkleinern. Dann das Fruchtmus auf dem Herd erhitzen und nun noch das Stevia-Streupulver mit Erythrit und zwei Teelöffel Chiasamen unterrühren. Die warme Soße für 10 Minuten auf dem ausgeschalteten Herd stehen lassen, damit die Chiasamen die Fruchtsoße binden.

Anschließend die heißen Hüttenkäsemuffins mit der warmen Fruchtsoße anrichten. Eine Portion besteht aus zwei Muffins und der halben Menge der Chia-Beerensoße.

Nährwerte pro Portion:
Kilokalorien: 395, Fett: 22,3 g, Kohlenhydrate: 17,3 g, Eiweiß: 25,9 g

Feta-Gemüse-Gewürzrühreі

1 Portion

2 Eier, Größe M
½ TL Paprikapulver, edelsüß
½ TL Currypulver
½ TL Kreuzkümmel, gemahlen
10 ml Olivenöl, nativ extra (2 TL)
60 g rote Zwiebel, in Ringe geschnitten
90 g rote Spitzpaprikaschote, in Würfel geschnitten
90 g Zucchini, ohne Kerne, in Würfel geschnitten
30 g Feta, in Würfel geschnitten
Salz und Pfeffer

Würzig gewürzig …

Die beiden Eier mit den Gewürzen mixen und das flüssige Ei mit Salz und Pfeffer würzen.

In einer Pfanne zwei Teelöffel Olivenöl erhitzen und die Zwiebelringe für 2–3 Minuten glasig braten. Dann die Spitzpaprikastücke und die Zucchiniwürfel in die Pfanne geben und diese gemeinsam mit den Zwiebeln für 2–3 Minuten braten. Anschließend das würzige Rührei in die Pfanne gießen und dieses unter Rühren stocken lassen.

Am Ende noch die Fetawürfel unterheben und das Feta-Gemüse-Gewürzrührei mit Salz und Pfeffer abschmecken.

Nährwerte pro Portion:
Kilokalorien: 393, Fett: 27,5 g, Kohlenhydrate: 14,2 g, Eiweiß: 21,2 g

Melonen-Frühstart-Shake

1 Portion

150 g Honigmelone, in Stücke geschnitten, gut gekühlt
150 g Joghurt, 3,5 % Fett
15 g Mandelmus
10 g Eiweißpulver, Vanille
1 TL Erythrit
15 g Haferkleie
1 TL Minze, frisch gehackt

Alle Zutaten in einen Mixer füllen und dann kräftig durchmixen.

Nährwerte pro Portion:
Kilokalorien: 384, Fett: 15,3 g, Kohlenhydrate: 35,5 g, Eiweiß: 22,8 g

Melonenmäßig lecker ...

Warmer Plattpfirsich mit Mandelquark

1 Portion

Frühstücks-
oberlecker …

Für das Topping:
15 g gehackte Nüsse (z. B. Haselnüsse, Paranüsse, Walnüsse)
5 g Kokosöl
100 g Plattpfirsich, in Stücke geschnitten
1 TL Erythrit

Für den Mandelquark:
100 g Magerquark
20 g Mandelmus
1–2 EL Mineralwasser, mit Kohlensäure
1 Msp. Bourbon-Vanille, gemahlen
1 TL Stevia-Streupulver mit Erythrit

Eine kleine Pfanne auf dem Herd erhitzen und die gehackten Nüsse goldgelb rösten. Dann das Kokosöl und die Pfirsichstücke in die Pfanne geben und diese für 2–3 Minuten mit den Nüssen braten. Nun noch das Erythrit zufügen und in der Pfanne schmelzen lassen.

Mit einem Schneebesen den Magerquark mit dem Mandelmus, dem Mineralwasser, der Bourbon-Vanille und dem Stevia-Streupulver mit Erythrit verrühren.

Den Mandelquark mit den warmen Pfirsichstücken in einem Schälchen anrichten.

Nährwerte pro Portion:
Kilokalorien: 377, Fett: 25,5 g, Kohlenhydrate: 15,2 g, Eiweiß: 19,2 g

Frühstücks-Pfannenpizza mit Zwiebelringen

1 Portion

Für den Pizzaboden:
1 Ei, Größe L
50 g Magerquark
15 g Tomatenmark, doppelt konzentriert
10 g Haferkleie
5 g Flohsamenschalen
1 TL Oregano, getrocknet
10 ml Olivenöl, nativ extra (2 TL)
Salz und Pfeffer

Eine herzhafte Ballaststoff-party …

Für den Pizzabelag:
25 g Emmentaler, gerieben
60 g rote Zwiebel, in Ringe geschnitten

Den Backofen auf 175 °C Umluft vorheizen.

Die Zutaten für den Pizzaboden zu einem Teig verrühren. Den Teig mit Salz und Pfeffer würzen.

Zwei Teelöffel Olivenöl in einer ofenfesten Pfanne mit 24 cm Durchmesser mit einem Pinsel verteilen.

Die Pfanne auf dem Herd erhitzen, den Teig hineingeben und mit einem Löffel rund verteilen. Den Boden für 1–2 Minuten in der Pfanne braten.

Anschließend den geriebenen Emmentaler auf den Pizzaboden streuen und die Zwiebelringe darüber verteilen. Nun die Pfanne für etwa 15 Minuten in den Backofen stellen.

Nährwerte pro Portion:

Kilokalorien: 387, Fett: 24,2 g, Kohlenhydrate: 14,2 g, Eiweiß: 24,2 g

400

Löffle dich schlank

Suppen sind wahre Schlankmacher. Wer kennt sie nicht, die magische Kohlsuppe, die einen hungrig und mit viel Luft im Bauch zurücklässt. Das geht auch besser, denn mit mehr Eiweiß und Fett in der Suppe, kombiniert sich Gemüse zu einer wahren Kilo- und Hungerbremse. Die passenden Rezepte gibt es nun hier in einem bunten Reigen. Nie vergessen, auch bei Suppen gilt: Es kommt darauf an, was drin ist, und schmecken müssen sie sowieso.

Cremiger Mandel-Gemüsetopf

4 Portionen

15 ml Olivenöl, nativ extra (1 EL)
200 g Gemüsezwiebel, gehackt
400 g Brokkoli, in kleine Röschen zerteilt
250 g Karotten, gewürfelt
200 g TK-Erbsen
300 g Lauch, in Ringe geschnitten
250 g Kohlrabi, in kleine Würfel geschnitten
100 ml Gemüsebrühe
100 ml trockener Weißwein
70 g Mandelmus
90 g Cheddar, fein gerieben
¼ TL Johannisbrotkernmehl
2 EL 8-Kräuter-Mischung, frisch oder TK
Salz und Pfeffer

In einem größeren Topf einen Esslöffel Olivenöl erhitzen und die Gemüsezwiebelwürfel darin glasig anbraten. Das Gemüse bis zu den Kohlrabiwürfeln in den Topf geben und alles mit der Gemüsebrühe und dem Weißwein abloschen. Den Gemüsetopf für 12 Minuten kochen lassen.

Dann das Mandelmus und den geriebenen Cheddar in den Gemüsetopf rühren, bis der Käse geschmolzen ist. Anschließend das Johannisbrotkernmehl zur Bindung mit einem Schneebesen einrühren. Nun noch die 8-Kräuter-Mischung zufügen und den fertigen Gemüsetopf mit Salz und Pfeffer abschmecken.

Nährwerte pro Portion:
Kilokalorien: 395, Fett: 20,9 g, Kohlenhydrate: 19,6 g, Eiweiß: 20,0 g

Curry-Kohlsuppe mit Pute

3 Portionen

15 ml Olivenöl, nativ extra (1 EL)
250 g Gemüsezwiebel, gehackt
2 Knoblauchzehen, fein gehackt
900 ml Gemüsebrühe
400 g Putenfleisch, aus der Keule, ohne Haut
400 g Spitzkohl, ohne Strunk, in Streifen geschnitten
250 g Karotten, in dünne Scheiben geschnitten
250 g Dattel- oder Kirschtomaten, geviertelt
2 TL Currypulver
4 EL Petersilie, gehackt
Salz und Pfeffer

Die Kombination lässt Fettpolster schmelzen …

Einen größeren Topf nehmen und einen Esslöffel Olivenöl erhitzen. Die Gemüsezwiebelwürfel glasig anbraten und dann zusätzlich noch die Knoblauchwürfel kurz anschwitzen. Die Gemüsebrühe in den Topf geben und das Putenfleisch in die Brühe legen. Das Putenfleisch nun für 45 Minuten kochen lassen.

Anschließend das Fleisch aus der Brühe nehmen und die Zwiebelwürfel mit dem Pürierstab zerkleinern. Die Suppe bekommt so etwas Bindung. Dann den Spitzkohl, die Karotten und die Tomaten in die Brühe geben und das Gemüse für 10 Minuten köcheln lassen.

In der Zwischenzeit das Putenfleisch in kleine Stücke schneiden.

Wenn das Gemüse bissfest ist, dann noch das Currypulver unterrühren und das klein geschnittene Fleisch zurück in die Suppe geben. Das Fleisch kurz warm ziehen lassen und die Suppe dabei mit Salz und Pfeffer abschmecken. Zum Schluss noch einen Teil der Petersilie einrühren und einen Rest zum Bestreuen verwenden.

Nährwerte pro Portion:
Kilokalorien: 308, Fett: 10,6 g, Kohlenhydrate: 16,6 g, Eiweiß: 33,5 g

Süßkartoffel-Tomatensuppe mit Mandelblättchen

2 Portionen

Nährstoffknaller Süßkartoffel …

500 ml passierte Tomaten
500 ml Gemüsebrühe
250 g Süßkartoffel, in Würfel geschnitten
1 TL Thymian, frisch oder getrocknet
25 g Mandelmus
40 g Mandelblättchen
1 TL Erythrit
½ TL Salz
½ TL Paprikapulver, edelsüß
½ TL Currypulver
½ TL Kreuzkümmel, gemahlen
1 Msp. Chilipulver
Salz und Pfeffer

Einen Topf mit den passierten Tomaten und der Gemüsebrühe erhitzen. Die Süßkartoffelwürfel zufügen und alles zusammen für 15 Minuten kochen lassen. Die Suppe anschließend fein pürieren, den Thymian und das Mandelmus unterrühren und die Suppe mit Salz und Pfeffer würzen.

In einer Pfanne ohne zusätzliches Fett die Mandelblättchen goldgelb rösten. Dann das Erythrit in der Pfanne schmelzen lassen und das Salz und die Gewürze untermischen. Die Mandelblättchen vom Herd nehmen und unter Rühren abkühlen lassen.

Die fertige Suppe und die würzigen Mandelblättchen gemeinsam anrichten.

Nährwerte pro Portion:
Kilokalorien: 372, Fett: 18,1 g, Kohlenhydrate: 37,5 g, Eiweiß: 12,1 g

Kichernde scharfe Zwiebel-Champignonsuppe

2 Portionen

100 g Kichererbsen-Spirelli
30 ml Olivenöl, nativ extra (2 EL)
400 g Gemüsezwiebeln, geviertelt, in dünne Streifen geschnitten
1 TL rote Currypaste
600 ml Gemüsebrühe
2 EL helle Sojasoße
¼ TL Kümmel, gemahlen
250 g Champignons, in Scheiben geschnitten
Salz und Pfeffer

Kichererbsen machen gute Laune …

Die Kichererbsen-Spirelli nach Packungsangabe in Wasser kochen und in einem Küchensieb abgießen.

In einem größeren Topf einen Esslöffel Olivenöl erhitzen und die Gemüsezwiebelstreifen für 6–7 Minuten braten. Die rote Currypaste zufügen und diese gemeinsam mit den Zwiebeln kurz anschwitzen. Dann den Topfinhalt mit der Gemüsebrühe ablöschen und die Sojasoße und den gemahlenen Kümmel zufügen. Die Suppe nun für 15 Minuten kochen lassen.

In der Zwischenzeit in einem Topf den zweiten Esslöffel Olivenöl erhitzen und die Champignonscheiben für 2–3 Minuten braten.

Wenn die Zwiebelsuppe so weit ist, dann den Pürierstab an 3 Stellen im Topf für einige Sekunden laufen lassen, damit ein Teil der Zwiebelstreifen zur Bindung püriert wird.

Nun noch die gebratenen Champignons und die vorgekochten Kichererbsennudeln untermischen und die Suppe final mit Salz und Pfeffer abschmecken.

Nährwerte pro Portion:

Kilokalorien: 397, Fett: 17,7 g, Kohlenhydrate: 37,9 g, Eiweiß: 17,7 g

Hähnchen-Rahmspinatsuppe

2 Portionen

Schmeckt auch Kindern lecker …

400 ml Gemüsebrühe
200 g Hähnchenbrustfilet (1 größeres Brustfilet)
450 g Bio-Rahmspinat (TK-Fertigpackung)
40 g Cheddar, fein gerieben
40 g Frischkäse
1 TL Zwiebelgranulat
1 Msp. Muskatnuss, frisch gerieben
etwas Johannisbrotkernmehl (optional zum Andicken)
Salz und Pfeffer

Die Gemüsebrühe auf dem Herd erhitzen. Das Hähnchenbrustfilet längs in 2 Stücke schneiden und in die heiße Brühe legen. Das Fleisch für 10 Minuten in der Brühe leicht köcheln lassen. Dann das Fleisch aus der Brühe nehmen.

In die Brühe nun den Bio-Rahmspinat legen und diesen auftauen lassen. Die Suppe kurz aufkochen lassen. Dann den geriebenen Cheddar und den Frischkäse mit einem Schneebesen einrühren. Anschließend noch das Zwiebelgranulat und die Muskatnuss zufügen und die Suppe final mit Salz und Pfeffer abschmecken.

Zum Schluss das Fleisch klein schneiden und die Stücke zurück in die Suppe geben.

Wenn die Rahmspinatsuppe etwas zu dünn ist, dann mit einem Schneebesen ein wenig Johannisbrotkernmehl einrühren.

Nährwerte pro Portion:
Kilokalorien: 381, Fett: 20,7 g, Kohlenhydrate: 10,5 g, Eiweiß: 36,5 g

Veganer Jalfrezi-Gemüsetopf mit Kichererbsen

4 Portionen

Schmeckt aufgewärmt noch besser …

15 g Kokosöl
150 g rote Zwiebel, gewürfelt
2 Knoblauchzehen, fein gewürfelt
3 EL Tomatenmark, doppelt konzentriert
1 TL Kurkuma, gemahlen
½ TL Kreuzkümmel, gemahlen
1 TL Koriander, gemahlen
1 TL Garam Masala (alternativ Currypulver)
1 TL rote Currypaste
400 g Kirschtomaten, geviertelt
400 g Paprikaschoten, bunt, in Würfel geschnitten
600 g Blumenkohl, grob geraspelt
250 g Champignons, geviertelt
400 ml Gemüsebrühe
150 ml Kokosmilch
250 g Kichererbsen, aus der Dose, abgespült und abgetropft
Salz und Pfeffer

Einen großen Topf mit dem Kokosöl erhitzen und die Zwiebelwürfel glasig anbraten. Dann die Knoblauchwürfel zufügen und kurz danach das Tomatenmark untermischen. Alles gemeinsam kurz rösten. Anschließend die kompletten Gewürze und die rote Currypaste zufügen und diese ebenfalls kurz anrösten.

Nun die Kirschtomaten untermischen und diese 1–2 Minuten im Topf braten. Dann das restliche Gemüse und die Champignons untermischen und den Topf mit der Gemüsebrühe ablöschen. Den Suppentopf für 15 Minuten kochen lassen.

Danach die Kokosmilch unterrühren, die Kichererbsen in den indischen Eintopf geben und das fertige Essen mit Salz und Pfeffer abschmecken.

Nährwerte pro Portion:
Kilokalorien: 321, Fett: 14,0 g, Kohlenhydrate: 28,5 g, Eiweiß: 14,4 g

Putengulaschtopf mit Erdnuss und Bohnen

4 Portionen

15 ml Olivenöl, nativ extra (1 EL)
75 g rote Zwiebel, gewürfelt
2 Knoblauchzehen, fein gehackt
500 g Putengulasch, aus der Keule geschnitten
2 EL Tomatenmark, doppelt konzentriert
400 ml Gemüsebrühe
250 g Kirschtomaten, halbiert
150 g Karotten, gewürfelt
150 g orange Paprikaschote, in Würfel geschnitten
150 g rote Paprikaschote, in Würfel geschnitten
600 g TK-Prinzessbohnen
3 EL Erdnussmus
1 TL Paprikapulver, edelsüß
1 TL Currypulver
1–2 EL Limettensaft, frisch gepresst
Salz und Pfeffer

Löffeln macht glücklich ...

In einem größeren Topf einen Esslöffel Olivenöl erhitzen und die Zwiebelwürfel darin glasig anbraten, am Ende noch die Knoblauchwürfel zufügen und kurz mitbraten. Dann die Zwiebel- und Knoblauchwürfel an den Rand schieben und in der Mitte des Topfes das Putengulasch für 3–4 Minuten anbraten. Anschließend das Tomatenmark zufügen und dieses unter die Zwiebel-Gulaschmischung rühren. Dabei das Tomatenmark leicht anrösten. Nun den Topfinhalt mit der Gemüsebrühe ablöschen und das Putengulasch für 30 Minuten kochen lassen.

Danach das komplette Gemüse zufügen und den Topf für weitere 15–20 Minuten kochen lassen.

Anschließend das Erdnussmus, das Paprikapulver, das Currypulver und den Limettensaft zufügen und alles gut unterrühren. Zum Schluss den fertigen Topf noch mit Salz und Pfeffer abschmecken.

Nährwerte pro Portion:
Kilokalorien: 394, Fett: 16,4 g, Kohlenhydrate: 20,0 g, Eiweiß: 35,9 g

Linsen-Fenchel-Gemüsesuppe mit Spinat

2 Portionen

Gemüsepower mit französischem Akzent …

10 ml Olivenöl, nativ extra (2 TL)
50 g Schalotten, gehackt
100 g Fenchelknolle, in dünne Streifen geschnitten
150 g Karotte, in kleine Würfel geschnitten
100 g Lauch, in Ringe geschnitten
100 g Knollensellerie, in kleine Würfel geschnitten
75 g rote Linsen, mit Wasser abgespült
750 ml Gemüsebrühe
40 g Bresso (französischer Kräuterfrischkäse)
100 g Baby-Spinat
25 g Walnüsse, gehackt
Salz und Pfeffer

In einem Topf zwei Teelöffel Olivenöl erhitzen und die Schalottenwürfel glasig anbraten.

Dann das komplette Gemüse zufügen und kurz anrösten. Anschließend die roten Linsen untermischen und den Topfinhalt mit der Gemüsebrühe ablöschen. Die Suppe nun für 20–25 Minuten kochen lassen, bis die Linsen weich sind. Danach die Suppe cremig fein pürieren.

Nun noch den Bresso und den Baby-Spinat unterrühren und die Suppe mit Salz und Pfeffer abschmecken.

Die Gemüsesuppe in Schalen anrichten und dort noch mit den gehackten Walnüssen bestreuen.

Nährwerte pro Portion:

Kilokalorien: 399, Fett: 19,2 g, Kohlenhydrate: 30,3 g, Eiweiß: 18,9 g

Karotten-Ingwer-Kokossuppe mit Garnelen

2 Portionen

Für die Karotten-Ingwer-Kokossuppe:
5 g Kokosöl
50 g Zwiebel, fein gehackt
100 g Knollensellerie, gewürfelt
100 g Lauch, in Ringe geschnitten
350 g Karotten, gewürfelt
500 ml Karottensaft, ohne zugesetztem Honig
200 ml Gemüsebrühe
2 TL Ingwer, frisch gerieben
100 ml Kokosmilch
Salz und Pfeffer

Das nenne ich einen Power-booster …

Für die Garnelen:
5 g Kokosöl
200 g Garnelen, roh und geschält
1 TL Madras-Currypaste (alternativ Currypulver)
Salz und Pfeffer

Für die Suppe in einem größeren Topf das Kokosöl erhitzen und die Zwiebelwürfel darin glasig anbraten. Dann das restliche Gemüse zufügen und dieses kurz anrösten. Anschließend den Topfinhalt mit dem Karottensaft und der Gemüsebrühe ablöschen. Die Suppe nun für 10–12 Minuten kochen lassen und danach alles fein pürieren.

Nun den frisch geriebenen Ingwer und die Kokosmilch unterrühren und die Suppe final mit Salz und Pfeffer abschmecken.

Für die Garnelen in einer Pfanne die zweite Portion Kokosöl erhitzen und die Garnelen für 1–2 Minuten braten. Dann die Currypaste unter die Garnelen mischen und diese final mit Salz und Pfeffer würzen.

Die Karotten-Ingwer-Kokossuppe mit den würzigen Garnelen anrichten.

Nährwerte pro Portion:
Kilokalorien: 397, Fett: 15,3 g, Kohlenhydrate: 31,9 g, Eiweiß: 23,9 g

Leichte Tomatensuppe mit Lachs

2 Portionen

15 ml Olivenöl, nativ extra (1 EL)
50 g rote Zwiebel, fein gehackt
300 g Kirschtomaten, geviertelt
250 g Champignons, in Scheiben geschnitten
600 ml Gemüsebrühe
2 EL Tomatenmark, doppelt konzentriert
1 EL helle Sojasoße
2 TL Limettensaft, frisch gepresst
¼ TL Johannisbrotkernmehl
250 g Lachsfilets, in Streifen geschnitten
50 g Frühlingszwiebeln, in Ringe geschnitten
Salz und Pfeffer

In einem Suppentopf einen Esslöffel Olivenöl erhitzen und die Zwiebelwürfel darin glasig anschwitzen. Dann die geviertelten Kirschtomaten und die in Scheiben geschnittenen Champignons zufügen und beides für 2–3 Minuten braten. Anschließend den Topfinhalt mit der Gemüsebrühe ablöschen und das Tomatenmark, die Sojasoße und den Limettensaft unterrühren. Die Suppe nun für 5 Minuten köcheln lassen.

Als nächsten Schritt das Johannisbrotkernmehl mit einem Schneebesen in die Suppe rühren. Dann die Lachsstreifen zufügen und diese für 5 Minuten in der heißen, nicht mehr kochenden Suppe gar ziehen lassen. Nun noch die Frühlingszwiebelringe unterrühren und die Suppe mit Salz und Pfeffer abschmecken.

Nährwerte pro Portion:
Kilokalorien: 380, Fett: 21,6 g, Kohlenhydrate: 13,8 g, Eiweiß: 31,9 g

Eiweißpower mit Fleisch und Fisch

Eiweiß ist der Baustoff unseres Körpers und dazu ein echter Schlankmacher. Fleisch und Fisch sind nährstoffreiche und sättigende Lebensmittel, die reichlich lebensnotwendige Aminosäuren liefern. Daher am besten in jeder Mahlzeit eine Portion Eiweiß aus unterschiedlicher Herkunft einplanen. Nichts spricht gegen einen moderaten Verzehr von Fleisch, kombiniert mit ganz viel Gemüse, so wie es bei Happy Carb der Fall ist.

Orient-Putenschnitzel im Gemüsebett

2 Portionen

Toll mit der fruchtigen Note …

400 g Blumenkohl, grob geraspelt
150 g Karotten, grob geraspelt
20 ml Olivenöl, nativ extra (4 TL)
250 g Putenschnitzel (2 Stück)
125 g rote Paprikaschote, in Streifen geschnitten
125 g orange Paprikaschote, in Streifen geschnitten
50 ml Gemüsebrühe
1 TL Harissa-Paste (nordafrikanische Würzpaste, gibt es im Supermarkt)
20 g Frischkäse
30 g Granatapfelkerne, frisch oder TK
Salz und Pfeffer

Den Backofen auf 175 °C Umluft vorheizen.

Den geraspelten Blumenkohl mit den geraspelten Karotten in eine Ofenform füllen. 2 Teelöffel Olivenöl untermischen und das Gemüse mit Salz und Pfeffer würzen. Die Gemüsemischung für 15 Minuten im Backofen backen.

In einer Pfanne 2 Teelöffel Olivenöl erhitzen und die beiden Putenschnitzel von beiden Seiten je 1 Minute braten. In der Pfanne mit Salz und Pfeffer würzen.

Das gebackene Gemüse aus dem Backofen nehmen, durchmischen und die beiden angebratenen Putenschnitzel auf die gerösteten Gemüseraspel legen.

In der heißen Pfanne der Putenschnitzel nun die Paprikawürfel für 1–2 Minuten braten. Dann die Gemüsebrühe, die Harissa-Paste und den Frischkäse unterrühren und das Gemüse für 1 Minute kochen lassen. Das würzige Paprikagemüse mit Salz und Pfeffer abschmecken.

Dann das Paprikagemüse auf den Putenschnitzeln verteilen und die Ofenform für 8–10 Minuten in den Backofen stellen.

Anschließend die Paprika-Putenschnitzel mit dem Raspelgemüse auf Tellern anrichten und final noch mit den Granatapfelkernen bestreuen.

Nährwerte pro Portion:
Kilokalorien: 395, Fett: 14,6 g, Kohlenhydrate: 18,3 g, Eiweiß: 38,2 g

Thunfischfrittata mit buntem Gemüse

2 Portionen

10 ml Olivenöl, nativ extra (2 TL)
150 g rote Zwiebel, in kurze Streifen geschnitten
150 g Karotte, in kleine Würfel geschnitten
150 g Pastinake, in kleine Würfel geschnitten
150 g Lauch, in dünne Ringe geschnitten
150 g rote Paprikaschote, in kleine Würfel geschnitten
130 g Thunfisch, in Lake, aus der Dose, gut abgetropft
3 Eier, Größe L
Salz und Pfeffer

Die Gemüse-mischung macht den Unterschied …

Den Backofen auf 175 °C Umluft vorheizen.

In einer größeren ofenfesten Pfanne zwei Teelöffel Olivenöl erhitzen und die Zwiebelstreifen für 3–4 Minuten braten. Dann das restliche Gemüse zufügen und alles zusammen für 3–4 Minuten braten. Anschließend den Dosenthunfisch über dem Gemüse verteilen und teilweise unterheben.

Die Eier verquirlen und mit Salz und Pfeffer würzen. Das flüssige Ei über das Gemüse gießen und die Pfanne für 15 Minuten in den Backofen stellen.

Nährwerte pro Portion:
Kilokalorien: 395, Fett: 15,1 g, Kohlenhydrate: 25,8 g, Eiweiß: 34,2 g

Rucola-Hähnchen-Blumisotto

2 Portionen

15 ml Olivenöl, nativ extra (3 TL)
250 g Hähnchenbrustfilet, in Streifen geschnitten
50 g Schalotten, in kleine Würfel geschnitten
600 g Blumenkohl, grob geraspelt
60 g Kräuterfrischkäse
15 g Parmesan, fein gerieben
50 g Rucola, in kürzere Stücke zerteilt
Salz und Pfeffer

In einem größeren Topf zwei Teelöffel Olivenöl erhitzen und die Hähnchenstreifen darin für 2–3 Minuten braten. Das Fleisch, wenn es durchgebraten ist, mit Salz und Pfeffer würzen und dann aus dem Topf nehmen.

Soulfood für schlanke Hüften …

Nun einen weiteren Teelöffel Olivenöl in den Topf geben und die Schalottenwürfel glasig anbraten. Dann den Blumenkohl zufügen und diesen für 7–8 Minuten unter Rühren bissfest braten. Anschließend den Kräuterfrischkäse und den Parmesan unterrühren und das Blumisotto mit Salz und Pfeffer würzen.

Zum Schluss noch den Rucola unterheben und das vorgebratene Hähnchenfleisch zufügen.

Nährwerte pro Portion:
Kilokalorien: 400, Fett: 19,3 g, Kohlenhydrate: 9,2 g, Eiweiß: 41,5 g

Rettichtagliatelle mit Tomaten-Hähnchenragout

2 Portionen

Für das Tomaten-Hähnchenragout:
15 ml Olivenöl, nativ extra (1 EL)
200 g Hähnchenbrustfilet, in kleine Würfel geschnitten
2 Sardellenfilets, gehackt
50 g rote Zwiebel, gehackt
1 Knoblauchzehe, gehackt
300 g Kirschtomaten, geviertelt
1 EL Tomatenmark, doppelt konzentriert
1 TL Oregano oder Rosmarin, frisch oder getrocknet
50 g Bresso (französischer Kräuterfrischkäse)
Salz und Pfeffer

Low Kalorien, aber high lecker …

Für die Rettichtagliatelle:
15 ml Olivenöl, nativ extra (1 EL)
600 g Rettich, mit dem Sparschäler in lange Streifen geschnitten

In einem kleinen Topf einen Esslöffel Olivenöl erhitzen und die kleinen Hähnchenwürfel für 2–3 Minuten braten. Dann die Sardellenfilets zufügen und diese kurz mitbraten. Anschließend die Zwiebelwürfel und die Knoblauchwürfel untermischen und alles gemeinsam für 3–4 Minuten braten. Danach die Kirschtomaten hinzugeben und alles zusammen für 5 Minuten kochen lassen. Nun noch den Esslöffel Tomatenmark und den Oregano in den Topf geben und als Letztes den französischen Kräuterfrischkäse unterrühren. Das fertige Tomaten-Hähnchenragout mit Salz und Pfeffer würzen.

In einem zweiten Topf einen Esslöffel Olivenöl erhitzen und die Rettichstreifen für 2–3 Minuten braten. Dann das Tomaten-Hähnchenragout mit den Rettichtagliatelle anrichten und auf dem Teller durchmischen.

Nährwerte pro Portion:
Kilokalorien: 394, Fett: 21,4 g, Kohlenhydrate: 16,1 g, Eiweiß: 31,4 g

Schweinefilet in Senfsoße mit Champignon-Spargel

2 Portionen

Würzig kommt das Essen auf den Teller …

400 g weißer Spargel, geschält, in mundgerechte Stücke geschnitten
1 TL Erythrit
15 ml Olivenöl, nativ extra (1 EL)
250 g Schweinefilet, in Streifen geschnitten
250 g Thai-Spargel, in mundgerechte Stücke geschnitten (alternativ grüner Spargel)
250 g Champignons, in Scheiben geschnitten
1 EL helle Sojasoße
1 TL Senf, mittelscharf
60 g Bresso (französischer Kräuterfrischkäse)
Salz und Pfeffer

In einem Topf die weißen Spargelstücke in 150 ml Wasser mit einem Teelöffel Erythrit und Salz für 4–5 Minuten kochen. Die Spargelstücke in einem Küchensieb abgießen und das Kochwasser auffangen.

In einem weiteren Topf einen Esslöffel Olivenöl erhitzen und die Fleischstreifen für 3–4 Minuten braten und am Ende mit Salz und Pfeffer würzen. Das Fleisch aus dem Topf nehmen.

Dann im Bratfett die weißen Spargelstücke, den Thai-Spargel und die Champignonscheiben für 2–3 Minuten braten. Dabei leicht mit Salz und Pfeffer würzen. Anschließend die Sojasoße und den Senf untermischen und das Gemüse für 1–2 Minuten köcheln lassen.

Nun noch den Kräuterfrischkäse und 2–3 Esslöffel vom Spargelsud und das bereits gebratene Fleisch zufügen und das Essen final mit Salz und Pfeffer abschmecken.

Nährwerte pro Portion:
Kilokalorien: 373, Fett: 17,2 g, Kohlenhydrate: 9,2 g, Eiweiß: 38,1 g

Seelachs-Schlemmerfilet mit mediterranem Gemüse

2 Portionen

So geht gesund und schlank …

10 ml Olivenöl, nativ extra (2 TL)
300 g Seelachs, in 4 Stücke geschnitten
150 g Zucchini, in Würfel geschnitten
150 g Kirschtomaten, geviertelt
125 g orange Paprikaschote, in Würfel geschnitten
100 g Fenchelknolle, in kleine Würfel geschnitten
75 g rote Zwiebel, gehackt
1 TL Oregano, frisch oder getrocknet
1 TL Thymian, frisch oder getrocknet
80 g saure Sahne, 10 % Fett
50 g Manchego-Käse, grob gerieben
Salz und Pfeffer

Den Backofen auf 175 °C Umluft vorheizen.

Eine Ofenform mit zwei Teelöffeln Olivenöl auspinseln. Die Seelachsstücke in die Ofenform legen und von beiden Seiten mit Salz und Pfeffer bestreuen.

Das Gemüse mit den Kräutern, der sauren Sahne und dem Manchego-Käse in einer Schüssel mischen und am Ende mit Salz und Pfeffer würzen. Die Masse über dem Fisch verteilen.

Nun die Ofenform für 25 Minuten in den Backofen stellen.

Nährwerte pro Portion:
Kilokalorien: 386, Fett: 19,5 g, Kohlenhydrate: 13,3 g, Eiweiß: 38,9 g

Cola-Curry-Hähnchenpfanne mit Gemüse

2 Portionen

30 ml Olivenöl, nativ extra (2 EL)
200 g Hähnchenbrustfilet, in Streifen geschnitten
85 g rote Zwiebel, gehackt
125 g rote Paprikaschote, in kleine Würfel geschnitten
125 g Karotten, in Stifte geschnitten
250 g Champignons, geviertelt
200 g Stangenbrokkoli, oder Brokkoliröschen
300 g Kirschtomaten, halbiert
40 g Tomatenmark, doppelt konzentriert
100 ml Cola Zero
1 TL Currypulver
Salz und Pfeffer

Cola gibt dem Curry den letzten Pfiff …

In einer größeren, hohen Pfanne mit Deckel einen Esslöffel Olivenöl erhitzen und die Hähnchenstreifen für 2–3 Minuten anbraten. Dabei mit Salz und Pfeffer würzen und dann aus dem Topf nehmen.

Einen zweiten Löffel Olivenöl in die Pfanne geben und die Zwiebelwürfel für 2–3 Minuten glasig anbraten.

Dann das komplette Gemüse einschließlich der Kirschtomaten in den Topf geben und alles gemeinsam für 2–3 Minuten braten. Das Gemüse mit Salz und Pfeffer würzen. Den Topfdeckel nun für 5 Minuten schließen und das Gemüse bei niedriger Hitze köcheln lassen.

Anschließend das Tomatenmark, die Cola Zero und das Currypulver unterrühren. Nun noch die Hähnchenstreifen zurück in den Topf füllen und alles noch mal mit Salz und Pfeffer abschmecken und den fertigen Topf erneut für 3–4 Minuten köcheln lassen.

Nährwerte pro Portion:
Kilokalorien: 391, Fett: 16,4 g, Kohlenhydrate: 20,5 g, Eiweiß: 34,7 g

Sommergemüse trifft zweierlei Lachs

2 Portionen

Ahoi und Mahlzeit ...

10 ml Olivenöl, nativ extra (2 TL)
150 g Fenchelknolle, in dünne Streifen geschnitten oder gehobelt
250 g Kohlrabi, in kleine Würfel geschnitten
400 g Zucchini, Kerne entfernt, in Rauten geschnitten
250 g Kirschtomaten, halbiert oder geviertelt, je nach Größe
60 g Frischkäse
50 g geräucherter Lachs, in kleine Stücke zerteilt
125 g Lachsfilet, in kleine Würfel geschnitten
2 TL Dill, frisch oder TK
Salz und Pfeffer

In einem größeren Topf zwei Teelöffel Olivenöl erhitzen und die Fenchelstreifen und die Kohlrabiwürfel für 5–6 Minuten braten. Den Topfdeckel zwischendurch für 3 Minuten schließen, damit das Gemüse garen kann.

Dann die Zucchinistücke, die Kirschtomaten und Salz und Pfeffer zufügen und alles gemeinsam für weitere 5–6 Minuten pfannenrühren. Dann auch hier den Topfdeckel für 3 Minuten schließen und das Gemüse köcheln lassen.

Anschließend den Frischkäse unterrühren und noch mal mit Salz und Pfeffer nachwürzen. Nun den geräucherten Lachs und die frischen Lachsstücke untermischen und den Topfdeckel für 4–5 Minuten schließen und den Lachs auf niedriger Hitze gar ziehen lassen.

Zum Schluss noch den Dill vorsichtig unterheben, damit die Lachstücke nicht zerfallen.

Nährwerte pro Portion:
Kilokalorien: 396, Fett: 23,8 g, Kohlenhydrate: 17,4 g, Eiweiß: 27,9 g

Rouladenschmortopf Ratatouille

4 Portionen

60 ml Olivenöl, nativ extra (4 EL)
400 g Rinderrouladenfleisch, in kurze Streifen geschnitten
500 ml Gemüsebrühe
400 g stückige Tomaten, aus der Dose
400 g Aubergine, in 1–2 cm große Würfel geschnitten
200 g rosa oder rote Zwiebeln, in Streifen geschnitten
400 g Zucchini, Kerne entfernt, in mundgerechte Rauten geschnitten
400 g Paprikaschoten, rot und orange, in mundgerechte Stücke geschnitten
2 TL Thymian, frisch oder getrocknet
2 TL Rosmarin, frisch oder getrocknet
1 EL dunkler Balsamico-Essig
1 TL Senf, mittelscharf
40 g Frischkäse
Salz und Pfeffer

In einem größeren Topf einen Esslöffel Olivenöl erhitzen und die Rouladenstreifen für 2–3 Minuten anbraten. Das Fleisch mit der Gemüsebrühe und den stückigen Tomaten ablöschen und dann für 75 Minuten kochen lassen.

In der Zwischenzeit in einem zweiten Topf drei Esslöffel Olivenöl erhitzen und die Auberginenwürfel für 3–4 Minuten anbraten. Dann die Zwiebelstreifen zufügen und diese mit den Auberginenstücken glasig braten. Anschließend die Zucchinistücke und die Paprikastücke untermischen und alles gemeinsam für 3–4 Minuten braten. Dabei mit Salz und Pfeffer würzen.

Nach der Kochzeit des Rouladenfleisches das angebratene Gemüse in den Fleischtopf umfüllen. Die Kräuter, den Balsamico-Essig und den Senf unterrühren und den kompletten Schmortopf so für weitere 15–20 Minuten kochen lassen.

Zum Schluss noch den Frischkäse unterrühren und das fertige Gericht mit Salz und Pfeffer abschmecken.

Nährwerte pro Portion:
Kilokalorien: 398, Fett: 22,3 g, Kohlenhydrate: 20,8 g, Eiweiß: 27,6 g

So schmeckt der Sommer in der Provence ...

Zickiges Kohlrabigemüse mit deftiger Puten-Zwiebelpfanne

2 Portionen

Schlank werden ist so lecker …

Für das zickige Kohlrabigemüse:
600 g Kohlrabi, in 1–2 cm große Würfel geschnitten
400 ml Gemüsebrühe
80 g Ziegenfrischkäse
Salz und Pfeffer

Für die Puten-Zwiebelpfanne:
15 ml Olivenöl, nativ extra (3 TL)
250 g Putenkeulenfleisch, in Streifen geschnitten
200 g Gemüsezwiebel, in Ringe geschnitten
½ TL rote Currypaste
1 TL Gyrosgewürz
1 TL Paprikapulver, edelsüß
½ TL Erythrit
2 EL helle Sojasoße
¼ TL Kümmel, gemahlen
Salz und Pfeffer

Die Kohlrabiwürfel in der Gemüsebrühe für 8–9 Minuten bissfest garen und das Gemüse dann in einem Küchensieb abgießen. Dabei etwas von der Brühe auffangen, denn die wird noch gebraucht.

Für die Puten-Zwiebelpfanne in einer großen hohen Pfanne oder einem Topf 1 TL Olivenöl erhitzen und die Putenkeulenstreifen für 2–3 Minuten braten und diese dabei mit Salz und Pfeffer würzen. Das gebratene Fleisch aus der Pfanne nehmen, zwei weitere Teelöffel Olivenöl in die Pfanne geben und darin die Zwiebelringe für 4–5 Minuten braten. Dann die rote Currypaste untermischen und diese kurz mit den Zwiebelringen anrösten.

Nun das Gyrosgewürz, das Paprikapulver, das Erythrit, die Sojasoße und den gemahlenen Kümmel unter die gebratenen Zwiebeln mischen. Dann noch das gebratene Putenfleisch untermischen und alles zusammen für 1–2 Minuten pfannenrühren. Bei Bedarf noch mit Salz und Pfeffer würzen.

Wenn das Fleisch fertig ist, von der aufgefangenen Gemüsebrühe 2–3 Esslöffel in einen Topf geben. Die Brühe erhitzen und den Ziegenfrischkäse darin auflösen. Dann die vorgekochten Kohlrabiwürfel in dem sahnigen Sud erhitzen. Am Ende die zickigen Kohlrabi mit Salz und Pfeffer abschmecken.

Das Kohlrabigemüse mit dem würzigen Zwiebelfleisch anrichten.

Nährwerte pro Portion:
Kilokalorien: 395, Fett: 17,5 g, Kohlenhydrate: 18,7 g, Eiweiß: 36,9 g

Fruchtiges Curry-Lachsragout mit Gemüsesticks

2 Portionen

Für die Gemüsesticks:
250 g Karotten, in kurze Sticks geschnitten
250 g Kohlrabi, in kurze Sticks geschnitten
200 g Rote Bete, roh, in kurze Sticks geschnitten
10 ml Olivenöl, nativ extra (2 TL)
Salz und Pfeffer

Fruchtig fein …

Für das fruchtige Curry-Lachsragout:
5 ml Olivenöl, nativ extra (1 TL)
75 g Schalotten, fein gehackt
75 g säuerlicher Apfel, grob geraspelt
200 ml Gemüsebrühe
1 TL Currypulver
30 g Frischkäse
150 g Lachsfilet, in kleine Würfel geschnitten
Salz und Pfeffer

Den Backofen auf 175 °C Umluft vorheizen.

Die Karottensticks und die Kohlrabisticks mit einem Teelöffel Olivenöl, Salz und Pfeffer mischen und diese auf einem mit Backpapier belegten Blech auf ⅔ der Fläche verteilen. Genauso mit den Rote-Bete-Sticks verfahren und diese auf dem Rest des Blechs verteilen. Das Backblech nun für 25 Minuten in den vorgeheizten Backofen schieben.

In der Zwischenzeit in einem kleineren Topf einen Teelöffel Olivenöl erhitzen und die Schalottenwürfel glasig anbraten. Dann die Apfelraspel untermischen und diese für 1 Minute mitbraten. Jetzt die Gemüsebrühe und das Currypulver zufügen und die Apfel-Zwiebel-Mischung für 5–6 Minuten kochen lassen.

Anschließend den Topfinhalt fein pürieren und danach den Frischkäse unterrühren. Als nächsten Schritt die Lachsfiletwürfel in die heiße Soße geben und diese für 2–3 Minuten garziehen lassen.

Final die Soße nun noch mit Salz und Pfeffer abschmecken und dann mit den Gemüsesticks anrichten.

Nährwerte pro Portion:
Kilokalorien: 400, Fett: 20,1 g, Kohlenhydrate: 25,6 g, Eiweiß: 21,9 g

400-Kalorien-Blumenkohlpizza Prosciutto

2 Portionen

400 Kalorien und 400 g Gemüse pro Portion ...

Für den Pizzateig:
600 g Blumenkohl, in Röschen geschnitten
2 Eier, Größe L
15 g Flohsamenschalen
20 g Emmentaler, fein gerieben
Salz und Pfeffer

Für den Belag:
150 g Kirschtomaten, geviertelt
20 g Tomatenmark, doppelt konzentriert
1 TL Oregano, frisch oder getrocknet
50 g rote Zwiebel, gewürfelt
80 g gekochter Schinken, in Streifen geschnitten
50 g Emmentaler, grob gerieben
Salz und Pfeffer

Den Backofen auf 180 °C Umluft vorheizen.

Die Blumenkohlröschen für 9–10 Minuten kochen. Dann in einem Küchensieb abgießen und auf Küchenpapier ausgebreitet gut abdampfen lassen. Anschließend die Blumenkohlröschen pürieren. Unter den Blumenkohl nun die restlichen Zutaten für den Teig rühren.

Danach den Blumenkohlteig auf einem Blech mit Backpapier dünn ausstreichen und so für 25 Minuten backen. Zwischendurch die Backofentür öffnen, damit etwas Feuchtigkeit entweichen kann.

In der Zwischenzeit die frischen Kirschtomaten mit dem Tomatenmark und dem Oregano verrühren und die Tomatenbasis mit Salz und Pfeffer würzen.

Wenn der Blumenkohlboden so weit ist, diesen aus dem Ofen nehmen und Pizzaboden mithilfe eines zweiten Blattes Backpapier um 180° auf dem Blech drehen. Das Backpapier, das jetzt oben an dem Boden hängt, vorsichtig abziehen. Dann den Pizzaboden von dieser Seite für weitere 15 Minuten backen.

Nun den Pizzaboden erneut aus dem Ofen holen und die Tomatenmischung darauf verteilen. Auf die Tomaten jetzt die Zwiebelwürfel, die Schinkenstreifen und den geriebenen Emmentaler streuen. Dann die Pizza noch mal für 15 Minuten im Ofen backen.

Nährwerte pro Portion:
Kilokalorien: 399, Fett: 20,2 g, Kohlenhydrate: 14,4 g, Eiweiß: 32,1 g

Rinderhackpfanne Simsalabim

2 Portionen

10 ml Olivenöl, nativ extra (2 TL)
175 g mageres Rinderhackfleisch
75 g rote Zwiebel, gehackt
½ TL rote Currypaste
1 TL Currypulver
150 g rote Paprikaschote, in Würfel geschnitten
150 g Karotten, gewürfelt
200 g Lauch, in Ringe geschnitten
250 g Champignons, geviertelt
50 ml Hühnerbrühe
30 g Frischkäse
125 g frische Ananas, in Würfel geschnitten
Salz und Pfeffer

Schnell hingezaubert …

In einem Topf zwei Teelöffel Olivenöl erhitzen und das Hackfleisch krümelig anbraten. Dann die Zwiebelwürfel untermischen und diese kurz glasig anschwitzen. Anschließend die rote Currypaste und das Currypulver untermischen. Als Nächstes das komplette Gemüse und die Champignons zufügen und alles gemeinsam für 2–3 Minuten braten.

Danach die Hühnerbrühe zufügen und den Topf für 5–6 Minuten kochen lassen. Zum Schluss noch den Frischkäse und die Ananasstücke untermischen. Das fertige Gericht mit Salz und Pfeffer abschmecken.

Nährwerte pro Portion:
Kilokalorien: 400, Fett: 20,5 g, Kohlenhydrate: 23,1 g, Eiweiß: 26,6 g

400

Veggieglück für jeden Tag

Low Carb ist nicht unbedingt bekannt für fleischlose Genüsse. Und wer so wie ich weitestgehend auf Soja- und Weizenprotein verzichtet, ist bei den Eiweißlieferanten eingeschränkt. Aber geht nicht, ist keine Option, und ich zaubere fleischlos mit Hülsenfrüchten, Nüssen, Käse und Eiern. Am besten mehrere Eiweißquellen gleichzeitig, dann passt auch die Mischung an Aminosäuren, die wir dringend brauchen. Lecker ist es sowieso, aber schauen Sie doch selbst.

Kichererbsen-Spirelli mit würzigem Rosenkohl und Ei

2 Portionen

100 g Kichererbsen-Spirelli
10 ml Olivenöl, nativ extra (2 TL)
50 g rote Zwiebel, gehackt
400 g Rosenkohl, kleine Röschen, geputzt und geviertelt
150 g Karotten, klein gewürfelt
3 EL helle Sojasoße
3 EL Ketchup, zuckerfrei
½ TL Currypulver
¼ TL Kümmel, gemahlen
1 Ei, Größe L, verquirlt
Salz und Pfeffer

Rosenkohl für alle …

Die Kichererbsen-Spirelli nach Packungsangabe kochen und in einem Küchensieb abgießen.

In einem größeren Topf zwei Teelöffel Olivenöl erhitzen und die Zwiebelwürfel darin glasig anbraten.

Dann den geviertelten Rosenkohl und die Karottenwürfel zufügen und alles gemeinsam für 3–4 Minuten braten. Anschließend die Sojasoße, den zuckerfreien Ketchup, das Currypulver und den gemahlenen Kümmel untermischen und alles zusammen für 4–5 Minuten bei geschlossenem Deckel köcheln lassen.

Danach die vorgekochten Kichererbsen-Spirelli unterheben und alles gut mischen, bis die Nudeln heiß sind. Anschließend das flüssige Ei zufügen und dieses stocken lassen. Dabei vorsichtig umrühren. Das fertige Gericht mit Salz und Pfeffer abschmecken.

Nährwerte pro Portion:
Kilokalorien: 389, Fett: 11,2 g, Kohlenhydrate: 39,6 g, Eiweiß: 26,2 g

Gefüllte Tzatziki-Spitzpaprikaschoten

2 Portionen

Für internationale Schlemmermäulchen …

500 g rote Spitzpaprikaschoten,
längs halbiert und die Kerne entfernt

Für die Füllung:
200 g Zucchini, Kerne entfernt, grob geraspelt
150 g saure Sahne, 10 % Fett
125 g Feta, klein gewürfelt
1–2 Knoblauchzehen, gepresst (nach Geschmack zugeben)
50 g rote Zwiebel, gehackt
1 TL Oregano, frisch oder getrocknet
Salz und Pfeffer

Den Backofen auf 175 °C Umluft vorheizen.

Die Zucchiniraspel salzen und dann in einem Küchensieb für 10 Minuten abtropfen lassen.

Die saure Sahne mit den Fetawürfeln, dem Knoblauch, den Zwiebelwürfeln und dem Oregano vermengen.

Dann die gesalzenen Zucchiniraspel mit den Händen ausdrücken und die Raspel in die Fetamischung rühren. Nun die Masse mit Salz und Pfeffer abschmecken und danach in die halbierten Spitzpaprikaschoten füllen.

Die gefüllten Spitzpaprikaschoten für 20–25 Minuten im Ofen backen.

Nährwerte pro Portion:
Kilokalorien: 383, Fett: 23,6 g, Kohlenhydrate: 24,6 g, Eiweiß: 17,0 g

Radieschen-Spinat-Linsenpfanne mit Erdnüssen

2 Portionen

Warme Radieschen, ja klar …

15 ml Olivenöl, nativ extra (1 EL)
75 g rote Zwiebel, gehackt
600 g Radieschen, halbiert
150 g Karotten, in kleine Würfel geschnitten
80 g TK-Erbsen
1 EL dunkler Balsamico-Essig
2 EL helle Sojasoße
1 TL Senf, mittelscharf
100 g Baby-Spinat
180 g braune Linsen, tellerfertig, aus der Dose
30 g gesalzene und geröstete Erdnüsse, grob gehackt
Salz und Pfeffer

Einen Topf mit einem Esslöffel Olivenöl erhitzten und die Zwiebelwürfel glasig anbraten.

Anschließend die halbierten Radieschen, die Karottenstücke und die TK-Erbsen in den Topf geben und alles zusammen für 2–3 Minuten braten. Dann den Balsamico-Essig, die Sojasoße und den Senf untermischen und das Gemüse für 4–5 Minuten köcheln lassen.

Anschließend den Baby-Spinat unterheben und zusammenfallen lassen. Nun noch die braunen Linsen und die gehackten Erdnüsse zufügen und das fertige Gericht mit Salz und Pfeffer würzen.

Nährwerte pro Portion:
Kilokalorien: 398, Fett: 16,0 g, Kohlenhydrate: 32,8 g, Eiweiß: 19,5 g

Kidneybohnen-Pfanne mit Gemüse und Kräuter-Ei

2 Portionen

15 ml Olivenöl, nativ extra (1 EL)
200 g Gemüsezwiebel, gehackt
250 g Lauch, in dünne Ringe geschnitten
200 g Karotten, in kleine Stücke geschnitten
150 g Kidneybohnen, aus der Dose, abgespült und abgetropft
4 Eier, Größe M
1 Knoblauchzehe, gepresst
2 EL 8-Kräutermischung, gehackt (frisch oder TK)
Salz und Pfeffer

Hülsenfrüchte machen satt …

In einem großen Topf einen Esslöffel Olivenöl erhitzen. Die Gemüsezwiebelwürfel für 2–3 Minuten glasig anbraten. Dann die Lauchringe und die Karottenstücke zufügen und das Gemüse für weitere 4–5 Minuten braten. Anschließend die Kidneybohnen untermischen diese im Topf für 1–2 Minuten erhitzen.

In der Zwischenzeit die Eier, die gepresste Knoblauchzehe und die 8-Kräutermischung gemeinsam mixen und das Kräuter-Rührei mit Salz und Pfeffer würzen.

Die Eiermischung zum Gemüse gießen und unter Rühren stocken lassen.

Nährwerte pro Portion:
Kilokalorien: 394, Fett: 18,4 g, Kohlenhydrate: 31,3 g, Eiweiß: 23,4 g

Zucca pomodori scamorza

2 Portionen

750 g Butternut-Kürbis, geschält,
in mundgerechte Stücke geschnitten
250 g Kirschtomaten, geviertelt
50 g Ketchup, zuckerfrei
1 TL Oregano, frisch oder getrocknet
140 g Scamorza (geräucherter Mozzarella), grob gerieben
Salz und Pfeffer

Den Backofen auf 175 °C Umluft vorheizen.

Die Butternut-Kürbisstücke in eine große Ofenform füllen und dann für 20 Minuten backen.

In der Zwischenzeit die geviertelten Kirschtomaten mit dem zuckerfreien Ketchup, dem Oregano und dem geriebenen Scamorza vermischen und das Tomatentopping mit Salz und Pfeffer würzen.

Die Kürbisstücke aus dem Ofen nehmen und diese in eine kleinere Ofenform/Auflaufform umfüllen. Die Tomatenmischung auf den Kürbisstücken verteilen. Nun die Ofenform für weitere 20–25 Minuten in den Ofen stellen.

Nährwerte pro Portion:
Kilokalorien: 400, Fett: 17,9 g, Kohlenhydrate: 37,1 g, Eiweiß: 22,7 g

Linsennudeltopf Sommerlecker

2 Portionen

Schlank in den Sommer …

100 g Linsen-Spirelli
10 ml Olivenöl, nativ extra (2 TL)
75 g rote Zwiebel, gehackt
1 Knoblauchzehe, gehackt
75 g vegetarische Schinkenwürfel, alternativ Räuchertofu
250 g Kirschtomaten, geviertelt
200 g Zucchini, in Würfel geschnitten
150 g Fenchelknolle, in dünne Scheiben geschnitten oder gehobelt
1 TL Oregano, frisch oder getrocknet
1 TL Thymian, frisch oder getrocknet
80 g saure Sahne, 10 % Fett
Salz und Pfeffer

Die Linsen-Spirelli nach Packungsangabe in Wasser vorkochen und dann in einem Küchensieb abgießen.

In einem größeren Topf zwei Teelöffel Olivenöl erhitzen und die Zwiebelwürfel glasig andünsten. Dann die Knoblauchwürfel zufügen und diese kurz mitbraten. Danach die vegetarischen Schinkenwürfel untermischen.

Im nächsten Schritt das komplette Gemüse und den Oregano und den Thymian in den Topf geben. Den Topfinhalt mit Salz und Pfeffer würzen und dann alles zusammen für 10 Minuten köcheln lassen.

Nun noch die saure Sahne unterrühren, die vorgekochten Linsennudeln unterheben und alles final mit Salz und Pfeffer abschmecken.

Nährwerte pro Portion:

Kilokalorien: 398, Fett: 13,8 g, Kohlenhydrate: 37,2 g, Eiweiß: 28,2 g

Gefüllte Paprikaschoten Hot-Onions

2 Portionen

Scharfe Zwiebelchen …

10 ml Olivenöl, nativ extra (2 TL)
250 g Gemüsezwiebel, gehackt
1 TL rote Currypaste
2 EL helle Sojasoße
½ TL Kümmel, gemahlen
1 TL Paprikapulver, edelsüß
80 g saure Sahne, 10 % Fett
2 Eier, Größe M
60 g Frühlingszwiebeln, in Ringe geschnitten
3 rote Paprikaschoten, längs halbiert, das Kerngehäuse entfernt
40 g Emmentaler, grob gerieben
Salz und Pfeffer

Den Backofen auf 175 °C Umluft vorheizen.

In einem Topf einen Esslöffel Olivenöl erhitzen und die Zwiebelwürfel für 3–4 Minuten glasig anbraten. Dann die rote Currypaste untermischen und diese so lange mitbraten, bis sie sich gut verteilt hat. Anschließend die beiden Esslöffel Sojasoße, den gemahlenen Kümmel, das Paprikapulver und die saure Sahne unterrühren.

Den Topf vom Herd nehmen und die Zwiebeln für ein paar Minuten abkühlen lassen. Dann die beiden Eier und die Frühlingszwiebelringe untermischen und die Masse mit Salz und Pfeffer abschmecken.

Nun die Zwiebelmischung in die halbierten Paprikaschoten füllen und diese in eine Ofenform legen. Jetzt noch mit dem geriebenen Emmentaler bestreuen und dann für 25–30 Minuten im Ofen backen.

Nährwerte pro Portion:

Kilokalorien: 389, Fett: 21,9 g, Kohlenhydrate: 26,3 g, Eiweiß: 19,3 g

Gebackener Ofen-Feta mit Gewürzkichererbsen-Röstkarotten

2 Portionen

500 g Karotten, in Sticks geschnitten
120 g Kichererbsen, aus der Dose, abgetropft und mit Küchenpapier trocken getupft
20 ml Olivenöl, nativ extra (4 TL)
½ TL Kreuzkümmel, gemahlen
1 TL Paprikapulver, edelsüß
¼ TL Zimt, gemahlen
½ TL Erythrit
200 g Kirschtomaten
80 g Feta, in 2 Stücke geschnitten
Salz und Pfeffer

Baked Feta mal anders …

Den Backofen auf 175 °C Umluft vorheizen.

Die Karottensticks und die Kichererbsen in eine Schüssel füllen. 2 Teelöffel Olivenöl und die Gewürze inklusive Erythrit untermischen und dazu alles mit Salz und Pfeffer würzen. Die gewürzten Karotten und Kichererbsen auf einem mit Backpapier belegten Blech verteilen.

In eine mittelgroße Ofenform die Kirschtomaten und die beiden Fetastücke geben. Nun 2 Teelöffel Olivenöl über die beiden Zutaten träufeln und den Inhalt der Ofenform mit Salz und Pfeffer bestreuen.

Nun den Backofenrost unten mit der Tomaten-Feta-Ofenform in den Backofen geben und darüber das Blech mit den Karotten und den Kichererbsen platzieren. Beides gemeinsam für 25 Minuten backen.

Anschließend beides aus dem Ofen nehmen. Die heißen Kirschtomaten mit dem Feta verrühren, bis eine cremige Soße entsteht. Dann die gerösteten Karottenstücke und Kichererbsen unter die Tomaten-Feta-Creme heben und alles noch mal mit Salz und Pfeffer abschmecken.

Nährwerte pro Portion:
Kilokalorien: 396, Fett: 21,0 g, Kohlenhydrate: 25,0 g, Eiweiß: 14,5 g

Spitzkohlpfanne mit Champignons und Parmesan

2 Portionen

Sahnig und würzig zugleich ...

15 ml Olivenöl, nativ extra (1 EL)
150 g Schalotten oder rosa Zwiebeln, in Streifen geschnitten
600 g Spitzkohl, ohne Strunk, in Streifen geschnitten
250 g Champignons, geviertelt
1 TL Majoran, frisch oder getrocknet
1 TL Thymian, frisch oder getrocknet
¼ TL Kümmel, gemahlen
1 EL helle Sojasoße
120 g Kräuterfrischkäse
30 g Parmesan, fein gerieben
Salz und Pfeffer

In einem größeren Topf einen Esslöffel Olivenöl erhitzen und die Schalottenstreifen für 2–3 Minuten braten. Dann den Spitzkohl und die geviertelten Champignons zufügen und alles gemeinsam für weitere 2–3 Minuten braten.

Anschließend die Kräuter, den gemahlenen Kümmel und die Sojasoße zufügen und alles mit Salz und Pfeffer würzen. Den Topfinhalt nun für 3–4 Minuten köcheln lassen.

Danach noch den Kräuterfrischkäse und den Parmesan untermischen und das fertige Gericht noch mal mit Salz und Pfeffer abschmecken.

Nährwerte pro Portion:

Kilokalorien: 395, Fett: 28,1 g, Kohlenhydrate: 14,3 g, Eiweiß: 19,9 g

Mediterranes Ofengemüse mit Bohnen-Bolo

4 Portionen

Für das mediterrane Ofengemüse:
500 g kleine Zucchini, in Scheiben geschnitten
450 g Paprikaschoten, bunt, in mundgerechte Stücke geschnitten
150 g Fenchelknolle, in dünne Streifen geschnitten oder gehobelt
1 EL Rosmarin, frisch, gehackt
15 ml Olivenöl, nativ extra (1 EL)
Salz und Pfeffer

Gemüse bis zum Abwinken …

Für die Bohnen-Bolo:
15 ml Olivenöl, nativ extra (1 EL)
100 g rote Zwiebel, gehackt
2 Knoblauchzehen, gehackt
100 g Karotte, fein gewürfelt
100 g Sellerie, fein gewürfelt
400 g gehackte Tomaten, aus der Dose
100 ml Ketchup, zuckerfrei
40 g Tomatenmark, doppelt konzentriert
1 TL Erythrit
1 TL dunkler Balsamico-Essig
2 TL Oregano, frisch oder getrocknet
250 g weiße Bohnen, aus der Dose, abgespült und abgetropft
125 g Kidneybohnen, aus der Dose, abgespült und abgetropft
60 g Parmesan, grob geraspelt, zum Bestreuen
Salz und Pfeffer

Den Backofen auf 175 °C Umluft vorheizen.

Das Ofengemüse in eine große Ofenform füllen. Den Rosmarin und das Olivenöl untermischen und das Gemüse mit Salz und Pfeffer würzen. Das vorbereitete Gemüse nun für 25 Minuten in den heißen Backofen stellen.

In der Zwischenzeit in einem Topf einen Esslöffel Olivenöl erhitzen und die Zwiebelwürfel darin glasig anbraten. Dann die gehackten Knoblauchzehen, die Karottenwürfel und die Selleriewürfel zufügen und alles gemeinsam für 1–2 Minuten rösten.

Anschließend die gehackten Tomaten, das Ketchup, das Tomatenmark, das Erythrit, den Balsamico-Essig und den Oregano zum Topfinhalt geben und die Tomatensoße für 15 Minuten kochen lassen.

Danach noch die beiden Sorten Dosenbohnen zufügen und die fertige Bohnen-Bolognese mit Salz und Pfeffer würzen.

Das mediterrane Ofengemüse mit der Bohnen-Bolognese anrichten und großzügig mit dem geriebenen Parmesan bestreuen.

Nährwerte pro Portion:
Kilokalorien: 350, Fett: 13,5 g, Kohlenhydrate: 34,9 g, Eiweiß: 18,5 g

400

Kalte Gerichte für daheim und unterwegs

Nicht immer passt warme Küche ins Diätleben, da dürfen auch bei 400-Kalorien-Rezepten keine Ideen für kalte Köstlichkeiten fehlen. Auch beim Diäten ist es im Sommer schließlich oft heiß, und es braucht dringend Abkühlung auf dem Teller. Ob daheim als Abendessen oder in der schnellen Mittagspause im Betrieb beziehungsweise im Homeoffice. Ein fantasievoll belegtes Brötchen oder der Salat in der Lunchbox schmecken immer. Jetzt kommen Ideen, die daheim und unterwegs schmecken und die entweder prima vorzubereiten sind oder ratzfatz auf dem Teller landen.

Kräuterquark-Gurkentaler

2 Portionen

250 g Magerquark
10 ml Olivenöl, nativ extra (2 TL)
2 kleine Gewürzgurken, gewürfelt
2 EL Gewürzgurkensud
4 EL Kräuter, gehackt (Dill, Schnittlauch, Petersilie, Kerbel et cetera)
50 g rote Zwiebel, fein gehackt
2 TL Sahne-Meerrettich
1 große Salatgurke, in Scheiben geschnitten
Salz und Pfeffer

Schmecken immer …

Die Zutaten für den Kräuterquark anrühren und diesen mit Salz und Pfeffer abschmecken.

Den Kräuterquark auf den Salatgurkenscheiben verteilen.

Nährwerte pro Portion:
Kilokalorien: 382, Fett: 16,5 g,
Kohlenhydrate: 22,5 g, Eiweiß: 33,9 g

Linsen-Feldsalat mit geröstetem Wurzelgemüse

2 Portionen

Für das Wurzelgemüse:
10 ml Olivenöl, nativ extra (2 TL)
125 g Karotten, in kleine Würfel geschnitten
125 g Pastinaken, in kleine Würfel geschnitten
½ TL Erythrit
1 Prise Zimt, gemahlen
1 TL Currypulver
Salz und Pfeffer

Wurzelgemüse gibt Power …

Für den Salat:
150 g Feldsalat, geputzt
125 g braune Linsen, tellerfertig, aus der Dose
60 g Emmentaler, in kleine Würfelchen geschnitten

Für das Salatdressing:
15 ml Olivenöl, nativ extra (1 EL)
2 EL Orangensaft, frisch gepresst
1 TL heller Balsamico-Essig
10 g Frischkäse
Salz und Pfeffer

In einem kleinen Topf zwei Teelöffel Olivenöl erhitzen und die Karotten- und Pastinakenwürfel für 4–5 Minuten braten. Zwischendurch den Deckel für 1–2 Minuten schließen, dann gart das Wurzelgemüse besser. Anschließend das Erythrit, den Zimt und das Currypulver untermischen und das Gemüse mit Salz und Pfeffer würzen.

Den Feldsalat, die braunen Linsen und die Käsewürfel in zwei Salatschalen anrichten. Die Zutaten für das Dressing mit einem Schneebesen mischen und dann über den Salat geben.

Zum Schluss noch die warmen Gemüsewürfel über dem Salat verteilen.

Nährwerte pro Portion:
Kilokalorien: 390, Fett: 23,2 g, Kohlenhydrate: 22,3 g, Eiweiß: 16,2 g

Pollo Tomato

2 Portionen

250 g geräuchertes Hähnchenbrustfilet, in hauchdünne Scheiben geschnitten
500 g Kirschtomaten, geviertelt
200 g saure Sahne, 10 % Fett
40 g Tomaten-Pesto
2 TL Tomatenmark, doppelt konzentriert
2 TL heller Balsamico-Essig
1 TL Erythrit
2 TL Kapern, gehackt
1 TL Senf, mittelscharf
Salz und Pfeffer

Die Hähnchenbrustfiletscheiben auf 2 Tellern verteilen.

Danach die geviertelten Tomaten über das Fleisch streuen.

Die restlichen Zutaten mit einem Schneebesen verrühren und dann über die Hähnchenbrust und die Tomaten träufeln.

Nicht zu verwechseln mit Vitello Tonnato ...

Nährwerte pro Portion:
Kilokalorien: 394, Fett: 20,8 g, Kohlenhydrate: 16,8 g, Eiweiß: 33,8 g

Lauwarmer Chinasalat

2 Portionen

20 g Kokosöl
300 g Putenschnitzel, in Streifen geschnitten
125 g rote Paprikaschote, in Streifen geschnitten
250 g grüner Spargel oder Thai-Spargel, in 4–5 cm lange Stücke geschnitten
100 g Karotte, in Streifen geschnitten
200 g braune Champignons, geviertelt
3 TL Schwarze Bohnen-Knoblauchsoße (alternativ dunkle Sojasoße und gepressten Knoblauch mischen)
1 EL helle Sojasoße
1 TL Sambal Oelek
1 TL Ingwer, frisch gerieben
100 g Bohnensprossen, frisch
150 g Romana-Salat, in 3–4 cm breite Streifen schneiden

Würzig, knackig, lecker …

Das Kokosöl in einem Wok oder einem großen Topf erwärmen und das Putenfleisch für 2–3 Minuten scharf anbraten.

Das Gemüse (außer den Bohnensprossen) hinzugeben und alles 4–5 Minuten unter ständigem Rühren braten. Dann die Würzmittel und die Bohnensprossen hinzufügen und den Wokinhalt für weitere 2–3 MInuten unter Rühren braten.

Die Salatblätter auf Tellern anrichten und das warme Wok-Gericht darauf verteilen.

Nährwerte pro Portion:
Kilokalorien: 379, Fett: 12,5 g, Kohlenhydrate: 14,5 g, Eiweiß: 46,9 g

Zweierlei Gurkensalat mit Feta

2 Portionen

2 große Salatgurken, in Scheiben gehobelt
½ TL Salz
150 g Gewürzgurken, in dünne Scheiben geschnitten
1 EL heller Balsamico-Essig
15 ml Olivenöl, nativ extra (1 EL)
1 TL Erythrit
2 TL Dill, frisch oder TK
150 g Feta, in Würfel geschnitten
Salz und Pfeffer

Gut gekühlt wie eine erfrischende Dusche von innen …

Die gehobelten Salatgurken salzen und dann in einem Küchensieb abtropfen lassen. Unbedingt lieber etwas länger stehen lassen, sonst verwässert der Salat hinterher zu stark.

Anschließend die entwässerten Salatgurken und die Gewürzgurkenscheiben in eine Salatschüssel füllen.

Den Balsamico-Essig, das Olivenöl und das Erythrit mit einem Schneebesen verrühren und dann kräftig mit Salz und Pfeffer würzen.

Das Dressing über dem Salat verteilen. Den Dill und die Fetawürfel zufügen und den Salat durchmischen. Anschließend im Kühlschrank durchziehen lassen.

Nährwerte pro Portion:
Kilokalorien: 323, Fett: 24,8 g, Kohlenhydrate: 10,1 g, Eiweiß: 14,7 g

Low-Calorie-Brötchen

6 Brötchen

150 g Magerquark
150 ml Mineralwasser, mit Kohlensäure
1 Ei, Größe L
1 TL Senf, mittelscharf
60 g Haferkleie
60 g Goldleinsamenmehl, entölt
30 g Flohsamenschalen
30 g Leinsamen, geschrotet
1 TL Backpulver
1 TL Salz

Ballaststoffe füllen den Bauch …

Den Backofen auf 175 °C Umluft vorheizen.

Alle Zutaten auf einen Schlag in eine Schüssel geben und einen Teig daraus rühren. Dann den Teig mit nassen Händen zu 6 flachen runden Brötchen formen und diese auf ein mit Backpapier belegtes Blech geben.

Die Brötchen kreuzweise einschneiden und anschließend für 25–30 Minuten backen.

Nährwerte pro Brötchen:
Kilokalorien: 133, Fett: 5,3 g, Kohlenhydrate: 6,3 g, Eiweiß: 10,9 g

Kichererbsen-Spirelli-Paprikasalat

2 Portionen

100 g Kichererbsen-Spirelli (alternativ rote Linsen-Spirelli)
400 g bunte Paprikaschoten (grün-gelb-rot), in Streifen geschnitten
200 g Kirschtomaten, halbiert
100 g Gewürzgurken, in Würfel geschnitten
100 g Putenbrust, geräuchert, in Streifen geschnitten

Nudelsalat ist perfekt fürs Büro …

Für das Dressing:
15 g Ajvar, scharf oder mild, nach Geschmack
10 ml Olivenöl, nativ extra (2 TL)
2 EL Gewürzgurkensud
15 g Frischkäse
1 TL Dill, frisch oder TK
Salz und Pfeffer

Den Backofen auf 175 °C Umluft vorheizen.

Die Kichererbsen-Spirelli nach Packungsangabe kochen und in einem Küchensieb abgießen.

Die Paprikastreifen in eine Ofenform geben, diese für 15 Minuten backen und dann abkühlen lassen.

Die Zutaten für den Salat in eine Schüssel füllen.

Das Dressing mit einem Schneebesen anrühren und dieses unter den Salat rühren.

Nährwerte pro Portion:
Kilokalorien: 394, Fett: 11,2 g, Kohlenhydrate: 40,5 g, Eiweiß: 27,5 g

Zudelsalat mit Erdnussdressing und Lachs

2 Portionen

600 g Zucchini, in Spaghetti geschnitten
150 g orange Paprikaschote, in Streifen geschnitten
200 g Kirschtomaten, halbiert
125 g Stremellachs (heißgeräuchterter Lachs),
in kleine Stücke zerteilt
20 g gerösteter Sesam, zum Bestreuen

Für das Dressing:
25 g Erdnussmus
3 EL Orangensaft, frisch gepresst
2 EL helle Sojasoße
1 TL Erythrit
½ TL Ingwer, frisch gerieben
Salz und Pfeffer

Den Backofen auf 170 °C Umluft vorheizen.

Die Zucchinispaghetti in eine große Ofenform geben. Diese für 8–9 Minuten backen und anschließend in einem Küchensieb abkühlen und abtropfen lassen. Wer keinen Backofen nutzen mag, kann die Zudeln auch in etwas Olivenöl bissfest braten.

Die kalten Zudeln mit den Paprikastücken und den Kirschtomaten in Schalen füllen. Den zerkleinerten Stremellachs darauf verteilen.

Das Dressing mit einem Schneebesen anrühren und dann über den Salat träufeln. Zum Schluss noch den gerösteten Sesam über den Salat streuen.

Nährwerte pro Portion:
Kilokalorien: 382 Fett: 20,6 g, Kohlenhydrate: 20,6 g, Eiweiß: 29,3 g

Mit einem Hauch von Exotik ...

Auf die Hand – Gemüsepfannkuchen

1 Portion

5 ml Olivenöl, nativ extra (1 TL)
2 Eier, Größe M
10 g Haferkleie
75 g rote Paprikaschote, in kleine Würfel geschnitten
75 g TK-Erbsen, aufgetaut
75 g Karotte, in kleine Würfel geschnitten
50 g Joghurt, 3,5 % Fett
1 TL Dill, frisch oder TK
30 g Gewürzgurke, in kleine Stücke geschnitten
Salz und Pfeffer

Gut vorzubereiten …

Den Backofen auf 175 °C Umluft vorheizen.

Eine ofenfeste Pfanne mit 24 cm Durchmesser erhitzen und darin einen Teelöffel Olivenöl verteilen. Die beiden Eier mit der Haferkleie mixen und diese Mischung mit Salz und Pfeffer würzen. Dann das Haferkleie-Rührei in die heiße Pfanne gießen und für eine Minute stocken lassen.

Das komplette Gemüse auf das Ei streuen und die Pfanne für 10–12 Minuten in den heißen Ofen stellen. Anschließend den Gemüsepfannkuchen aus der Pfanne nehmen und abkühlen lassen.

Den Joghurt mit dem Dill und der Gewürzgurke anrühren. Den Ofenpfannkuchen in 4 Teile schneiden und die Mischung vor dem Verzehr auf den kalten Gemüsepfannkuchenecken verteilen.

Nährwerte pro Portion:
Kilokalorien: 387 Fett: 18,7 g, Kohlenhydrate: 25,9 g, Eiweiß: 23,0 g

Blumenkohl-Eiersalat mit Kidneybohnen

2 Portionen

700 g Blumenkohl, in Röschen geschnitten
4 Eier, Größe M, hart gekocht, in Scheiben geschnitten
40 g Frühlingszwiebeln, in Ringe geschnitten
130 g Kidneybohnen, aus der Dose, abgespült und abgetropft

Für das Salatdressing:
60 g Bresso (französischer Frischkäse)
1 EL Gewürzgurkensud
2 TL heller Balsamico-Essig
1 TL Senf, mittelscharf
1 EL Wasser
½ TL Erythrit
Salz und Pfeffer

Für jeden Tag gedacht ...

Die Blumenkohlröschen in Wasser für 8–10 Minuten bissfest garen und dann in einem Küchensieb abgießen und abkühlen lassen.

Den Blumenkohl mit den Eiern, den Frühlingszwiebelringen und den Kidneybohnen in eine Schüssel füllen.

Die Zutaten für das Dressing mit einem Schneebesen mischen und dann unter den Salat heben.

Nährwerte pro Portion:
Kilokalorien: 398 Fett: 18,1 g, Kohlenhydrate: 26,7 g, Eiweiß: 28,9 g

Rezeptübersicht

Frühstück, gerne lecker

Löffle dich schlank

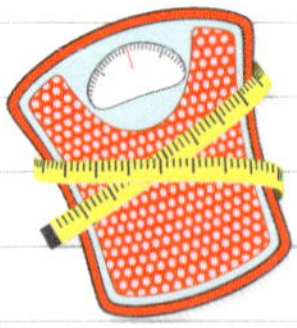

Eiweißpower mit Fleisch und Fisch

Veggieglück für jeden Tag

Kalte Gerichte für daheim und unterwegs

Zutatenregister

Über die Autorin

Die gebürtige Odenwälderin Bettina Meiselbach startete mit einem betriebswirtschaftlichen Studium in das Berufsleben. 25 Jahre im Personalmanagement und einen Burn-out später krempelte sie 2014 ihr Leben komplett um. Sie entdeckte die Low-Carb-Ernährung für sich, warf fast 60 Kilogramm Gewicht ab, wies ihre Diabetes-Typ-2-Erkrankung in die Schranken und ließ den alten Job hinter sich. Die begeisterte Hobbyköchin und Ernährungsexpertin begann, den Blog *HappyCarb.de* zu schreiben – der sich schnell zu einem der meistgelesenen Low-Carb-Blogs im deutschsprachigen Raum entwickelte. Der folgende Schritt zur Buchautorin war danach nur noch ein ganz kleiner.

Auch als **E-Book** erhältlich

128 Seiten
14,00 € (D) | 14,40 € (A)
ISBN 978-3-95814-313-5

Bettina Meiselbach

Happy Carb: Einfach lecker Low Carb

55 unkomplizierte Rezepte, die sich fast von alleine kochen

Schlemmereien im Handumdrehen

Keine Zeit zu kochen, aber trotzdem Lust auf richtig leckere Low-Carb-Köstlichkeiten? Kein Problem, denn die Gerichte in diesem Buch kochen sich fast von alleine! In diesem Buch zeigt Erfolgsbloggerin Bettina Meiselbach 55 geniale Rezepte, die wenig Aufwand machen und ratzfatz auf dem Tisch stehen. Und das Beste: Man braucht keine exotischen Zutaten, sondern bekommt alles bei nur einem Einkauf im Supermarkt. Die Gerichte sind wirklich unkompliziert und auch nach einem stressigen Arbeitstag noch ganz schnell zubereitet. Ob Frühstücksleckereien, Hauptgerichte mit Fleisch, Fisch und Gemüse oder gebackene Köstlichkeiten – dieses Buch lässt keine Wünsche offen!

riva

Bibliografische Information der Deutschen Nationalbibliothek
Die Deutsche Nationalbibliothek verzeichnet diese Publikation in der Deutschen Nationalbibliografie. Detaillierte bibliografische Daten sind im Internet über http://d-nb.de abrufbar.

Für Fragen und Anregungen
info@rivaverlag.de

Wichtiger Hinweis
Dieses Buch ist für Lernzwecke gedacht. Es stellt keinen Ersatz für eine individuelle medizinische Beratung dar und sollte auch nicht als solcher benutzt werden. Wenn Sie medizinischen Rat einholen wollen, konsultieren Sie bitte einen qualifizierten Arzt. Der Verlag und die Autorin haften für keine nachteiligen Auswirkungen, die in einem direkten oder indirekten Zusammenhang mit den Informationen stehen, die in diesem Buch enthalten sind.

Ausschließlich zum Zweck der besseren Lesbarkeit wurde auf eine genderspezifische Schreibweise sowie eine Mehrfachbezeichnung verzichtet. Alle personenbezogenen Bezeichnungen sind somit geschlechtsneutral zu verstehen.

Originalausgabe
1. Auflage 2023

Türkenstraße 89
80799 München
Tel.: 089 651285-0
Fax: 089 652096

Redaktion: Bettina Peters
Umschlaggestaltung: Sonja Vallant, Manuela Amode
Fotografie: Bettina Meiselbach, Carsten Meiselbach, www.happycarb.de
Illustrationen: Rosavision, Simone Ruths, www.rosavision.de; Betti Avatar: Signyra, www.signyra.com; Freepik; shutterstock/Vector Tradition, Evgeniya Pushai, Anna Frajtova, mushan
Layout: Simone Ruths (www.rosavision.de)
Satz: inpunkt[w]o, Haiger (www.inpunktwo.de)
Druck: Florjancic Tisk d.o.o., Slowenien
Printed in the EU

ISBN Print 978-3-95814-338-8
ISBN E-Book (PDF) 978-3-95814-339-5
ISBN E-Book (EPUB, Mobi) 978-3-95814-340-1